温州大学资助出版

乡村振兴战略背景下体育特色小镇建设的探索

杨伟青　韩成祥　著

北京体育大学出版社

策划编辑　力　歌
责任编辑　张　力
责任校对　朱燕春
版式设计　李沙沙

图书在版编目（CIP）数据

乡村振兴战略背景下体育特色小镇建设的探索/杨伟青，韩成祥著. --北京：北京体育大学出版社，2019.7
ISBN 978-7-5644-3170-9

Ⅰ.①乡… Ⅱ.①杨… ②韩… Ⅲ.①体育产业-小城镇-城市建设-研究-中国 Ⅳ.①G812②F299.21

中国版本图书馆CIP数据核字（2019）第080375号

乡村振兴战略背景下体育特色小镇建设的探索

XIANGCUNZHENXING ZHANLÜE BEIJINGXIA TIYU TESE XIAOZHEN JIANSHE DE TANSUO

杨伟青　韩成祥　著

出版发行：北京体育大学出版社
地　　址：北京市海淀区农大南路1号院2号楼4层办公B-421
邮　　编：100084
网　　址：http://cbs.bsu.edu.cn
发 行 部：010-62989320
邮 购 部：北京体育大学出版社读者服务部010-62989432
印　　刷：北京虎彩文化传播有限公司
开　　本：710mm×1000mm　1/16
成品尺寸：170mm×240mm
印　　张：12.25
字　　数：180千字
版　　次：2019年7月第1版
印　　次：2019年7月第1次印刷
定　　价：72.00元

序　言

习近平总书记在党的十九大报告中首次提出实施乡村振兴战略，要坚持农业农村优先发展，加快推进农业农村现代化。党的十九大以后，习近平总书记多次谈及“三农”问题，坚持把解决好“三农”问题作为全党工作重中之重，各地区各部门要充分认识实施乡村振兴战略的重大意义，把实施乡村振兴战略摆在优先位置，坚持五级书记抓乡村振兴，让乡村振兴成为全党全社会的共同行动。

习近平总书记指出，要坚持乡村全面振兴，抓重点、补短板、强弱项，实现乡村产业振兴、人才振兴、文化振兴、生态振兴、组织振兴，推动农业全面升级、农村全面进步、农民全面发展。要尊重广大农民意愿，激发广大农民积极性、主动性、创造性，激活乡村振兴内生动力，让广大农民在乡村振兴中有更多获得感、幸福感、安全感。要坚持以实干促振兴，遵循乡村发展规律，规划先行，分类推进，加大投入，扎实苦干，推动乡村振兴不断取得新成效。

2018 年 9 月 26 日，中共中央、国务院印发了《乡村振兴战略规划(2018—2022 年)》(以下简称《规划》)[1]，《规划》以习近平总书记关于“三农”工作的重要论述为指导，按照产业兴旺、生态宜居、乡风文明、治理有效、生活富裕的总要求，对实施乡村振兴战略作出阶段性谋划，分别明确至 2020 年全面建成小康社会和 2022 年召开党的二十大时的目标任务，细化实化工作重点和政策措施，部署重大工程、重大计划、重大行

〔1〕 中共中央，国务院．乡村振兴战略规划（2018—2022 年）［EB/OL］．(2018 -09 -26). http://www.gov.cn/zhengce/2018 -09/26/content.5325534.htm.

动，确保乡村振兴战略落实落地，是指导各地区各部门分类有序推进乡村振兴的重要依据。《规划》充分论述了我国实施乡村振兴战略的重大意义。

乡村是具有自然、社会、经济特征的地域综合体，兼具生产、生活、生态、文化等多重功能，与城镇互促互进、共生共存，共同构成人类活动的主要空间。乡村兴则国家兴，乡村衰则国家衰。我国人民日益增长的美好生活需要和不平衡不充分的发展之间的矛盾在乡村最为突出，我国仍处于并将长期处于社会主义初级阶段的特征很大程度上表现在乡村。全面建成小康社会和全面建设社会主义现代化强国，最艰巨最繁重的任务在农村，最广泛最深厚的基础在农村，最大的潜力和后劲也在农村。实施乡村振兴战略，是解决新时代我国社会主要矛盾、实现“两个一百年”奋斗目标和中华民族伟大复兴中国梦的必然要求，具有重大现实意义和深远历史意义。

实施乡村振兴战略是建设现代化经济体系的重要基础。农业是国民经济的基础，农村经济是现代化经济体系的重要组成部分。乡村振兴，产业兴旺是重点。实施乡村振兴战略，深化农业供给侧结构性改革，构建现代农业产业体系、生产体系、经营体系，实现农村一二三产业深度融合发展，有利于推动农业从增产导向转向提质导向，增强我国农业创新力和竞争力，为建设现代化经济体系奠定坚实基础。

实施乡村振兴战略是建设美丽中国的关键举措。农业是生态产品的重要供给者，乡村是生态涵养的主体区，生态是乡村最大的发展优势。乡村振兴，生态宜居是关键。实施乡村振兴战略，统筹山水林田湖草系统治理，加快推行乡村绿色发展方式，加强农村人居环境整治，有利于构建人与自然和谐共生的乡村发展新格局，实现百姓富、生态美的统一。

实施乡村振兴战略是传承中华优秀传统文化的有效途径。中华文明根植于农耕文化，乡村是中华文明的基本载体。乡村振兴，乡风文明是保障。实施乡村振兴战略，深入挖掘农耕文化蕴含的优秀思想观念、人文精神、道德规范，结合时代要求在保护传承的基础上创造性转化、创新性发展，有利于在新时代焕发出乡风文明的新气象，进一步丰富和传承中华优秀传统文化。

实施乡村振兴战略是健全现代社会治理格局的固本之策。社会治理的基础在基层，薄弱环节在乡村。乡村振兴，治理有效是基础。实施乡村振兴战略，加强农村基层基础工作，健全乡村治理体系，确保广大农民安居乐业、农村社会安定有序，有利于打造共建共治共享的现代社会治理格局，推进国家治理体系和治理能力现代化。

实施乡村振兴战略是实现全体人民共同富裕的必然选择。农业强不强、农村美不美、农民富不富，关乎亿万农民的获得感、幸福感、安全感，关乎全面建成小康社会全局。乡村振兴，生活富裕是根本。实施乡村振兴战略，不断拓宽农民增收渠道，全面改善农村生产生活条件，促进社会公平正义，有利于增进农民福祉，让亿万农民走上共同富裕的道路，汇聚起建设社会主义现代化强国的磅礴力量。

在习近平总书记关于“三农”工作的重要论述的指导下，全国各级政府高度重视乡村振兴战略，从各行业实际出发制定具体举措推进乡村振兴战略。

2017年5月9日，国家体育总局办公厅下发《体育总局办公厅关于推动运动休闲特色小镇建设工作的通知》（以下简称《通知》）[1]，启动了运动休闲特色小镇建设工作。《通知》中明确指出：到2020年，在全国扶持建设一批体育特征鲜明、文化气息浓厚、产业集聚融合、生态环境良好、惠及人民健康的运动休闲特色小镇。可见，生态文明是建设体育特色小镇的保障，也是最基本的前提条件。

2015年5月4日，浙江省人民政府正式下发了《浙江省人民政府关于加快特色小镇规划建设的指导意见》，作为体育特色小镇发展的先行者，浙江省人民政府明确规定：所有特色小镇要建设成为3A级以上景区，旅

〔1〕 国家体育总局办公厅．体育总局办公厅关于推动运动休闲特色小镇建设工作的通知［EB/OL］．(2017－05－11)．http://www.sport.gov.cn/n316/n336/c802334/content.html.

游产业类特色小镇要按5A级景区标准建设。百丈镇是温州市泰顺县的一个小镇，也是典型的山区乡镇，飞云湖三分之二的水域面积在该镇区域内，最重要的是，百丈镇是温州800万人的“大水缸”——珊溪水库最重要的水源涵养区和生态功能区。因此，在全镇区域内，明令禁止发展任何工业，库区周围山林禁伐、畜禽限养、渔业管控、矿石禁采等。优良的生态环境，是百丈时尚体育小镇发展中必须保证的核心，也是百丈时尚体育小镇建设和发展的前提。温州市人民政府及市体育局2016年将百丈时尚体育小镇列入首批市级特色小镇创建培育名单，纳入浙江省体育发展“十三五”规划加以组织实施。2018年，经过浙江省体育局考核评估，百丈时尚体育小镇成为浙江省首批10个省级建设运动休闲小镇。本书以百丈时尚体育小镇为案例，研究了特色小镇建设问题。在梳理我国自改革开放以来乡村振兴战略发展脉络的基础上，以百丈时尚体育小镇为研究对象，本书采用实地调查法，结合经济学、管理学等相关学科理论知识，对体育特色小镇进行针对性分析研究。根据党的十九大乡村振兴战略的精神和发展布局，结合我国乡村振兴战略的发展经验，对百丈时尚体育小镇的建设及战略举措进行研究，分析百丈时尚体育小镇发展中出现的困境，提出促进百丈时尚体育小镇健康发展的思考和措施。

体育特色小镇建设，是体育产业发展的新型业态。如何推动体育特色小镇建设健康有序发展，不仅是提高体育产业发展水平的实践问题，也是体育产业理论的前沿课题。由于理论水平有限，且调查研究不足，成果存在不少问题，请学者和专家批评指正，我将在后续研究中加以提高完善。

杨伟青

2019年2月1日

目录
CONTENTS

第1章 绪 论

本绪论将从选题背景、研究目的与意义及国内外研究综述三方面进行论述。

1.1 选题背景

乡村振兴战略是习近平总书记2017年10月18日在党的十九大报告中提出的战略。这既明确了乡村发展新思路，也为当前乡村特色小镇的发展指明了方向。乡村振兴是特色小镇建设和发展的新引擎，同样也是以体育产业为主导的特色小镇发展的新方向。

1.1.1 乡村振兴战略背景

实施乡村振兴战略，是贯彻党的十九大发展理念、建设现代化经济体系的重要内容，这是党站在中国特色社会主义进入新时代历史方位下新的“三农”工作方略，是习近平总书记“三农”思想的集中体现，是在深刻认识新时代“三农”发展新阶段、新规律、新任务基础上作出的重大战略部署，集中反映了新时代农业农村发展的必然要求。

改革开放以来，我国农业农村同国家其他事业同步发展，取得了历史性成就，特别是党的十八大以来，党中央出台了一系列强农惠农政策，使得农业连年丰收，农民收入持续提高，农村社会和谐稳定。2003—2015年，粮食生产实现历史性的“十二连增”，2016年我国粮食总产量达到0.6万亿公斤；农民收入增长保持积极态势，2016年城乡收入差距缩小到2.72:1；精准脱贫成效显著，按现行农村贫困标准计算，到2020年我国农村贫困人口全部退出；社会主义新农村建设成效显著，农村面貌发生了翻天覆地的变化，农村公路、桥梁等基础设施，教育、医疗、社会保障、文化等各方面得到极大改善。

但与此同时，我国“三农”问题依然突出，形势依然比较严峻，特别是“三农”和“四化”同步，“农村空心化、农业边缘化、农民老龄化”的“新三农”问题日益突出。农村劳动力大量外流，农村人才流失严重，村舍断壁残垣，我国农村出现不少诸如“博士返乡笔记”“博士回乡记”所描绘的凋敝现象；不少地方的农民增收主要依靠外出打工获得的非农收入，留守在农村的多为老人、妇女和儿童，农地荒芜，“谁来种地”“如何种地”问题突出；农村产业规模不大，农产品竞争力不强，农业农村污染问题突出，城乡之间发展不平衡，长期以来资源要素从乡村向城市单一流向没有得到根本性扭转。“新三农”问题成为全面建成小康社会、基本实现现代化和中华民族复兴的短腿短板[1]。

1.1.2 体育特色小镇背景

加快体育产业发展，培育新经济增长点[2]。2014 年 10 月，国务院印发了《关于加快发展体育产业促进体育消费的若干意见》[3]，指出要加强对体育产业扶持，将全民健身上升为国家战略。2015 年 4 月，浙江省人民政府印发了《温州市人民政府关于加快特色小镇规划建设的指导意见》[4]，指出要加快特色小镇建设，形成新的经济增长点，并在 2015 年 6 月、2016 年 1 月和 2016 年 5 月分别公布了第一批、第二批特色小镇创建名单和 10 个省级示范特色小镇。2015 年 6 月，浙江省人民政府印发了《浙江省人民

[1] 廖彩荣，陈美球．乡村振兴战略的理论逻辑、科学内涵与实现路径［J］．农林经济管理学报，2017，16（6）：795－802.

[2] 张宇贤，李陶亚．加快体育产业发展培育新经济增长点［N］．光明日报，2014－10－22（2）.

[3] 国务院．国务院关于加快发展体育产业促进体育消费的若干意见［EB/OL］.（2014－10－2）. http://www.gov.cn/zhengce/content/2014－10/20/content_9152.htm.

[4] 浙江省人民政府办公厅．浙江省人民政府关于加快特色小镇规划建设的指导意见［EB/OL］.（2015－5－4）. http://www.zj.gov.cn/art/2015/5/4/art_32431_202183.html.

政府关于加快发展体育产业促进体育消费的实施意见》[1]，指出要创建一批体育特征突出、产业基础较好、产业融合潜力较大的“特色小镇”。2016年7月浙江省体育局和浙江省发展改革委员会联合印发了《浙江省体育发展“十三五”规划》[2]，提出：以发展“体育特色小镇”为支撑，为体育产业搭建平台，推动体育产业发展。可见，根据新时期发展特点，浙江省人民政府高度重视体育产业发展，并以体育特色小镇为重要载体，来进一步撬动体育产业的发展。温州市各级政府高度重视体育产业发展，在体育特色小镇的创建机制及发展方面，也取得了一定的成效。2015年8月温州市人民政府印发了《温州市人民政府关于加快特色小镇规划建设的实施意见》[3]，形成了市级特色小镇创建机制。2016年3月温州市人民政府办公室公布了21个市级特色小镇创建对象，并在2016年8月温州市人民政府办公室印发的《温州市特色小镇规划建设三年行动计划（2016—2018年）》[4] 中，制定了发展任务详细分解表及省、市级特色小镇创建对象投资建设计划表，以推进温州市创建特色小镇步伐。同时，2016年2月在温州市体育工作年度大会上，温州市体育局提出将指导培育5~6个时尚体育小镇，申报争取1~2个体育特色小镇列为市级体育特色小镇创建对象[5]。

泰顺县百丈镇依托水资源优势，分别与国家体育总局水上管理中心、辽宁省军事航海学校、上海魏城投资集团等多家企事业单位达成战略合作

[1] 浙江省人民政府．浙江省人民政府关于加快发展体育产业促进体育消费的实施意见［EB/OL］．(2015-7-7). http://www.zj.gov.cn/art/2015/7/7/art_32431_240881.html.

[2] 浙江省体育局，浙江省发展改革委．浙江省体育局 浙江省发展改革委员会关于印发《浙江省体育产业发展“十三五”规划》的通知［EB/OL］．(2016-10-11). http://www.zj.gov.cn/art/2016/10/11/art_5495_2193790.html.

[3] 温州市人民政府．温州市人民政府关于加快特色小镇规划建设的实施意见［EB/OL］．(2015-8-18). http://www.wenzhou.gov.cn/art/2015/8/18/art_1229314_35779.html.

[4] 温州市人民政府办公室．温州市人民政府办公室关于印发温州市特色小镇规划建设三年行动计划（2016—2018年）的通知［EB/EL］．(2016-8-8). http://www.wenzhou.gov.cn/art/2016/8/18/art_1229314_12564.html.

[5] 余炳连．温州市将培育打造体育特色小镇［EB/OL］．(2016-2-20). http://www.88088.com/zoujinwz/jzwz/2016/0220/451598.shtml.

协议，成功引进了国家青年赛艇队、浙江省皮划艇队、福建省皮划艇队、辽宁省皮划艇队、陕西省皮划艇队、甘肃省皮划艇队、辽宁省曲棍球队、辽宁省垒球队等多支专业训练队伍。2018 年 1 月小镇吸引来自亚洲 11 个国家的运动员前来进行为期 2 个多月的水上训练、陆上训练和测功仪训练。百丈镇分别被《浙江省体育发展“十三五”规划》《温州市体育事业及体育产业发展“十三五”规划》《泰顺县国民经济和社会发展第十三个五年计划纲要》等文件列入重点创建扶持对象。2018 年 2 月 27 日，省级运动休闲小镇考察组对泰顺县百丈镇进行视察指导[1]，并在 2018 年 3 月 26 日，正式将百丈时尚体育小镇列入浙江省首批省级运动休闲小镇培育名单。不仅如此，小镇还先后举办全国青年 U16/U18 赛艇锦标赛、曲棍球国际邀请赛、马拉松等大型赛事，拉动了小镇农产品、民宿、餐饮等方面的消费，促进了小镇的发展。

不可否认，实现乡村振兴战略目标有很多科学可行合理的方式，但立足乡村独特的发展优势，以发展体育产业为特色，形成体育特色小镇，促进乡村的发展，这与乡村振兴战略和实现全面建成小康社会目标不谋而合。所以，如何将体育特色小镇与我国乡村振兴战略紧密结合，促进乡村的发展，这是本研究的核心课题。

1.2 研究目的与意义

体育特色小镇是发展体育产业的重要载体之一，鼓励发展体育特色小镇对于体育产业发展至关重要[2]。

1.2.1 研究目的

体育特色小镇是最近几年提出的新课题，无论是理论研究还是在实际建设方面都发展迅速，已成为学界现在关注和研究的重要课题，经过对文

[1] 浙江省体育局．省级运动休闲小镇考察组来泰顺百丈检查指导［EB/OL］.（2018 - 03 - 01）. http://zjtyol. zjol. com. cn/dsww/201803/t20180301_6696495. shtml.

[2] 裴秋菊．体育特色小镇该怎么建？［N］．中国文化报，2017 - 2 - 25（5）.

献的整理研究发现，现阶段对体育特色小镇及类似的理论研究还较少。本书对温州市泰顺县百丈时尚体育小镇进行针对性研究，以全面了解温州市泰顺县百丈时尚体育小镇建设发展情况。在此基础上，以党的十九大提出的实施乡村振兴战略为背景，本书提出建设发展体育特色小镇对新时代中国特色社会主义发展的战略作用，进一步完善和深入体育特色小镇的研究。

1.2.2 研究意义

本研究的意义，分为理论意义和现实意义。

1. 理论意义

随着我国休闲时代的到来，休闲娱乐在国民消费中的份额将不断上升，这将带动我国体育产业发展，并影响人们生活的各个方面，使得我们开展体育产业发展研究很有必要。但从学术界对体育发展影响并提出建设路径的角度来看，与之相关的研究较少，研究理论和方法还很不成熟。本研究对其进行大胆尝试，期望能客观反映出体育特色小镇发展状况，并对体育特色小镇的发展提出指导意见。

2. 现实意义

（1）有利于加快百丈时尚体育小镇建设

本研究在探明百丈时尚体育小镇演化过程、具体建设内容及现阶段发展现状的基础上，对厘清百丈时尚体育小镇发展过程，探寻百丈时尚体育小镇在发展中面临的问题，进一步推动百丈时尚体育小镇的发展，指导温州市各县（市、区）规划和发展体育特色小镇具有重要参考价值。

（2）有助于破解百丈镇城乡二元结构

受城市化发展和水库蓄水的影响，百丈镇发展受限，基础设施薄弱，当地居民较少，以老人和留守儿童为主。百丈时尚体育小镇的建设，对有效依托体育产业发展红利，改善和优化镇区内基础设施，改善居住环境，增加人员流动，促进当地交通、旅游、农业等产业发展，提高当地居民经济收入，进一步改善城乡二元结构具有重要现实意义。

（3）有利于巩固和发展“美丽乡村”建设

体育特色小镇的创建和发展需要以优美的生态环境和整洁、富有特色的村容村貌为基础，这与“美丽乡村”创建工作不谋而合。发展体育特色小镇对提升百丈镇“美丽乡村”建设水平，突出百丈时尚体育小镇发展特色具有重要现实意义。

（4）有利于落实全民健身战略

百丈时尚体育小镇建设的主要内容是体育设施建设，在此基础上，通过对当地资源的科学管理和运营，小镇吸引大众前来进行休闲、娱乐、健身、观光等活动，这将使百丈时尚体育小镇成为一个大众休闲健身娱乐平台，也将营造积极健康向上的氛围，对进一步落实全民健身战略具有重要现实意义。

1.3 国内外研究综述[1]

结合本研究目的，本研究选择以农村体育研究为切入点，对国内外农村体育研究进行收集、整理和分析，并在较为准确把握国内外农村体育研究进展的前提下，为本研究提供一些研究思路和参考。

1.3.1 国外研究综述

通过搜索 Google Scholar、EBSCO（ASP）、Elsevier Science Direct、Springer 电子期刊数据库学术资源，笔者分别以“community sport”“rural sport”为题名和关键词进行搜索，并结合中国期刊网全文数据库，对国内外学者研究发达国家农村体育进行了针对性的搜索、整理和分析。

Morgan K 等（2000）认为英国农村老年人比城市老年人具有更健康的饮食习惯，但由于城市老年人花费了更多时间去步行，相对于农村健康老

[1] 韩成祥，布特．我国农村体育发展研究的反思与展望［J］．浙江体育科学，2016，38（03）：6－11＋24.

年人可能有更好的心血管保护[1]。Caroline F 等（2003）认为在澳大利亚农村地区，需要实施一系列的措施以保证从事体育活动的安全，这些措施包括监测损伤的发生、强调安全倡议和实施教育策略[2]。Daniel P 等（2004）和 Christie A 等（2012）认为美国农村居住者患慢性病的概率更高，导致这种结果的重要因素是肥胖，其他因素有年龄的增加、文化程度低和静坐少动[3][4]。Atheerley M 等（2006）认为在澳大利亚西部农村，体育不仅仅是农村生活的重要组成部分，而且在黏合和连接社会资本形成的过程中是一个不可或缺的角色[5]。娄方平等（2008）对澳大利亚西北部农村居民研究后，认为体育提供了使农村居民产生社会互动和结合的框架，并指出体育比赛和俱乐部对当地居民来说是生活的主体[6]。卢文云（2011）对英国农村体育资助计划进行研究后，认为该计划是以为农村地区居民提供更多的体育参与机会为核心主旨进行项目设计和选择的[7]。Masterson C 等（2010）对秘鲁农村和城市居民研究后，认为农村居民健康

---

[1] MORGAN, KEVIN, ARMSTRONG, et al. Healthy Ageing in Urban and Rural Britain: a Comparison of Exercise and Diet [J]. Age and Ageing, 2000 (4): 8 - 341.

[2] FINCH C, MAHONEY M, TOWNSEND M, et al. Rural Sports and Recreational Injuries in Austialia: What Do We Know? [J]. Australian Journal of Rural Health, 2003 (3): 151 - 158.

[3] PATTERSON P D, MOORE C G, PROBST J C, et al. Obesity and Physical Inactivity in Rusal and Urban Americal [J]. The Journal of Rural Health, 2004 (2): 151 - 159.

[4] BEFORT C A, NAZIR N, PERRI M G. Prevalence of Obesity Among Adults From Rural and Urban Areas of the United States: Findings From Nhanes (2005 - 2008) [J]. The Journal of Rural Health, 2012 (4): 392 - 397.

[5] ATHERLEY K M. Sport, Localism and Socia Capital in Rural Western Australia [J]. Geographical Research, 2006 (4): 348 - 360.

[6] 娄方平，李国泰. 澳大利亚农村体育发展调查研究 [J]. 山东体育学院学报，2008，(05): 19 - 22.

[7] 卢文云. 英国农村社区体育主题资助计划研究 [J]. 体育文化导刊，2011，(02): 27 - 30.

水平的高低受体育锻炼影响[1]。Eime R M 等（2010）认为在德国农村体育锻炼的参与度比大城市少得多，差别最大的是青春期的少年，尤其女孩参加的更少，认为这些变化的发生可能与青春期发生的生活转变有关[2]。孙锋等（2012）分别对日本、美国和英国的农村公共体育产品供给制度模式进行研究，并提出加大对农村社区的财政转移支付力度、以成本—收益分析为基础，集中供给农村社区体育公共设施和体育公共服务，建立以公众需求为导向的体育公共产品供给与决策机制[3]。刘晓莉等（2014）对我国与英国农村体育发展专项资助进行比较研究，并认为我国农村体育健身工程存在资助内容单一、推动组织行政化和申请限制区域等问题[4]。

通过对以上文献的整理，笔者研究发现：国外研究者的侧重点在健康与参加体育锻炼之间的关系问题；国内学者研究国外“农村体育”的侧重点在农村体育供给制度上，即国外是如何发展“农村体育”的。究其原因，一方面可能由于西方发达国家城市化水平较高，农村与城市发展差距不明显，矛盾不突出，在农村体育研究上与国内差异较大，所以与国内研究差别较大；另一方面也间接显示出国内农村体育存在问题较为突出，国内学者以研究发达国家“农村体育”为突破口，试图寻求我国农村体育发展路径。

1.3.2 国内研究综述

在中国期刊网全文数据库，笔者分别以“农村体育”“体育小镇”

---

〔1〕 CREBER RMM, SMEETH L, GILMAN R H, et al. Physical Activity and Cardiovascular Risk Factors Among Rural and Urban Groups and Rural - to - urban Migrants in Peru: a Cross - sectional Study [J]. Revista Panamericana De Salud Publica (online), l Health, 2010 (1): 1 - 8.

〔2〕 EIME R M, PAYNE W R, CASEY M M, et al. Transition in Participation in Sport and Physical Activity for Rural Adolescent Girls [J]. Journal of Science and Medicine in Sport, 2010 (2): 282 - 293.

〔3〕 孙锋，羌霞．发达国家农村公共体育产品供给制度模式及启示［J］．四川体育科学，2012，(04)：1 - 3.

〔4〕 刘晓莉，齐晓英．中英农村体育发展专项资助比较研究：以农民体育健身工程与农村社区体育主题资助计划为例［J］．体育文化导刊，2014，(1)：64 - 67.

“体育特色小镇”“乡村振兴战略”等为关键词进行检索。

1. 关于农村体育相关概念研究

农村体育基本概念的研究主要集中在农村区域如何定位和农民概念如何界定的问题上。张文静（2005）认为按理解和使用范畴的不同，把农村划分为广域、中域和狭域农村[1]。吴振华（2005）为便于对农村体育研究的设计和实施，把长期居住在村庄的那一类人称为农民[2]。朱家新（2007）从社会学的视角阐述了国内外对农村和农民的概念界定，并把农村界定为包括乡和村，与乡对应的集镇也包括在其中。并认为中国农民是所有没有获得“城市户口”的具有农民身份的人，或泛指一切农村人口[3]。胡庆山（2011）认为农村从属于“社会”范畴，故有广义和狭义之分，同时随着农村社会的变迁，尤其是农村经济结构的调整和我国户籍制度的改革，使得农民的概念正在受到严峻的挑战[4]。夏成前（2013）认为农民是长期在农村地区生活并从事农业或相关性生产劳动的居民[5]。在对农村体育相关概念的理论阐述中，学者对农村体育研究对象的界定主要受我国城乡两极划分、县域管理范围以及户籍归属地影响，严重受我国区域划分限制，且对有关农村体育基本概念的研究较少。但就对农村体育研究而言，学者应根据研究的需要，对研究对象进行准确界定，以增强农村体育研究的针对性和科学性。

2. 关于农村体育现状研究

对农村体育现状的研究属于农村体育研究的热点问题，学者对不同的

---

〔1〕 张文静，田雨普．农村体育研究中“农村”含义的辨析［J］．体育文化导刊，2005，(10)：46－48.

〔2〕 吴振华，田雨普．关于中国农村体育若干问题的断想［J］．体育文化导刊，2005，(06)：5－7.

〔3〕 朱家新．新时期农村体育发展理论与实证研究［M］．合肥：安徽大学出版社，2007：21.

〔4〕 胡庆山．新农村建设背景下我国村落农民体育的理论与实证研究［M］．北京：北京体育大学出版社，2011：23.

〔5〕 夏成前．农村体育若干问题解读［J］．北京体育大学学报，2013，36（02）：11－15.

区域可以不同的理论视角进行研究。其主要研究成果有：田雨普（2005）以小康社会时期为视角的“三地调查”[1]；虞重干等（2008）以建设小康村的视角，对山东沈泉庄的调查[2]；戴健等（2009）以新农村建设视角，对长三角地区农民体育现状进行了实地调查[3]；韩红英（2010）对青海藏区农牧民体育健身状况进行研究[4]；罗炯等（2011）对西部地区 12 个省、自治区、直辖市镇（乡）农民健身现状进行调查研究[5]；刘守君等（2011）对北京市新农村体育服务体系进行调查研究[6]；刘路等（2012）对江苏、河南两省组织机构的情况特征进行比较研究[7]；以及屈杰等（2014）对湖南省西部三州（市）的农村体育人口进行分层抽样与分析，结果表明，抽样所在的少数民族贫困区农村体育人口，与全国平均水平相比差距较大，其中青少年比例严重偏低，而中老年人比例相对较高[8]。学者们对农村体育现状的研究遍布全国，但总体数量较少，没有形成系统的跟踪性研究。其中有些研究方法是理论阐述缺乏量化研究，有些只是单纯地运用简单的问卷调查，使研究结论缺乏足够的信服力。在研究结论中农村体育主要存在以下不同程度的问题：健身意识弱、基础设施供需矛盾、政府重视度不高、体育消费不足等。农村体育受到不同程度的忽视，是学

---

〔1〕 雨普．小康社会时期我国社会体育的城乡差异［J］．体育科学，2005，(04)：3 - 6.

〔2〕 虞重干，郭修金，奚凤兰．小康村沈泉庄体育调查报告［J］．山东体育学院学报，2008，(04)：1 - 5.

〔3〕 戴健，韩冬，梁晓杰，等．新农村建设中长三角地区农民体育活动现状及对策［J］．体育科学，2009，29（01）：8 - 13 + 65.

〔4〕 韩红英．青海藏区农牧民健身现状调查［J］．体育文化导刊，2010，(08)：14 - 17.

〔5〕 罗炯，郑兵，卢文云，等．我国西部地区农民健身现状及制约因素研究报告［J］．体育科学，2011，31（04)：32 - 40 + 66.

〔6〕 刘守君，董渝华，刘昕．北京市新农村体育服务体系的构建：“高校与农村结合”的双赢模式［J］．北京体育大学学报，2011，34（02)：97 - 100.

〔7〕 刘路，马永明．不同地域农村体育发展现状的对比研究：以江苏、河南两省为例［J］．沈阳体育学院学报，2012，31（02)：31 - 34.

〔8〕 屈杰，万义，海宛平，等．我国少数民族贫困区农村体育人口的发展现状与影响因素研究：以湘西土家族、苗族、侗族贫困区为例［J］．武汉体育学院学报，2014，48（01)：31 - 34 + 56.

术界普遍认同的观点。

3. 关于农村体育发展路径研究

农村体育发展路径研究多是基于对农村体育现状研究的基础之上，其研究主要分为以下两方面。

（1）以农村学校体育为先导进行带动发展

主要研究成果有：徐东锋（2008）提出构建以农村学校为基地的农村体育发展战略，即集中有限资金加强农村学校体育师资和体育设施建设[1]。黄北翔等（2010）在对湖南农村体育发展现状调查的基础上，认为应加强对农村体育健身制度安排，建立农村体育发展保障机制和传统特色体育项目的体育竞赛制度，并整合农村学校体育资源，实施以农村学校体育为主导的区域体育协调的发展战略[2]。

（2）从政府制度设计层面加强对农村体育的管理，增加对农村体育的倾斜力度

主要研究成果有：田雨普等（2009）认为要构建城乡一体化的群众体育领导管理体制；制定和实施统筹城乡的群众体育发展规划；建立城乡融合、互为补充的体育活动机制；以乡镇进城务工人员为桥梁促进城乡体育文化的交融；以农村文化建设为基础，稳步推进新农村体育建设[3]。杨英等（2010）针对四川农村体育呈非均衡性的发展状态，提出选择“非均衡—协调”发展的战略，并建议制定扶持贫困地区的长期计划，建立贫困地区农村体育事业发展基金和对口支援协作机制[4]。姚唯众等（2011）从我

〔1〕 徐东锋．构建以农村学校为基地的农村体育发展战略思考［J］．体育与科学，2008，(03)：65－67＋64.

〔2〕 黄北翔，杨锋．新时期湖南省农村体育发展现状、制约因素与战略研究［J］．成都体育学院学报，2010，36（07）：26－30.

〔3〕 田雨普，王欢，杨小明．和谐社会构建中城乡群众体育统筹发展的战略思考［J］．中国体育科技，2009，45（06）：91－96.

〔4〕 杨英，邓跃宁．四川农村体育“非均衡—协调”发展战略研究［J］．成都体育学院学报，2010，36（01）：36－39.

国政策保障、经济实力的角度出发，认为城乡群众体育要统筹发展[1]。刘梅英（2011）认为要发挥政府性组织管理体系引导，积极培育社会性组织管理体系[2]。农村体育的发展和经济收入显现正相关的关系[3]，但很少有相关研究是以发展农村经济为着眼点，来提高农村体育发展水平的。

4. 关于体育小镇和体育特色小镇的研究

在中国知网（CNKI），笔者以“体育小镇”和“体育特色小镇”等为主题词进行检索，相关文献的统计结果见表1－1和表1－2。

表1－1　以“体育小镇”为主题词检索出相关文献统计一览表

年份	文献数量/个
2007	1
2014	1
2015	1
2016	3
2017	36
2018	87

表1－2　以“体育特色小镇”为主题词检索出相关文献统计一览表

年份	文献数量/个
2015	1
2016	3
2017	38
2018	109

〔1〕 姚唯众，白海波，刘志敏，等．城乡群众体育统筹发展的战略思考［J］．体育与科学，2011，32（04）：82－84.

〔2〕 刘梅英．中国工业化进程中农村体育问题研究［D］．南京：南京师范大学，2011.

〔3〕 卢元镇．中国群众体育现状调查与研究［M］．北京：北京体育大学出版社，1998.

在中国知网（CNKI），笔者以“体育小镇”和“体育特色小镇”等为主题词，检索文献发现：我国对体育小镇和体育特色小镇的研究，尚处于刚起步阶段，且根据年度增长的文献数量，能大概预测出，体育特色小镇的相关研究正逐渐成为研究热点。

通过对“体育小镇”和“体育特色小镇”等相关文献进行研究发现，笔者将研究的内容概括为以下方面。

（1）我国体育特色小镇的分类研究

对我国体育特色小镇进行分类的研究主要有：郭琴（2018）认为一是“体育产业主导型特色小镇”，旨在促进体育产业转型升级，促进产业融合，扩大有效供给，探索供给侧的改革创新，着眼点在于推动城市经济的发展；二是“小城镇体育发展主导型特色小镇”，旨在探索小城镇体育发展的新路径，与新型城镇化保持同步，推进城乡体育一体化的进程，着眼点在于拉动农村体育的发展[1]。宋宇虹等（2018）根据产业定位和目标群体的不同，认为将体育特色小镇分为产业型体育小镇、休闲型体育小镇、康体型体育小镇、赛事型体育小镇四种类型，这种分类方式旨在帮助新兴体育小镇找准发展方向，有效抓住小镇核心竞争力[2]。张雷（2018）对运动休闲小镇进行研究，认为运动休闲特色小镇包括赛事型运动休闲特色小镇、培训型运动休闲特色小镇、娱乐型运动休闲特色小镇、健康型运动休闲特色小镇、智能制造型运动休闲特色小镇和文化民俗型运动休闲特色小镇六类[3]。根据我国学者、专家对我国体育特色小镇的分类研究，笔者发现：无论如何分类，目的旨在以体育（产业）带动体育特色小镇经济的发

〔1〕 郭琴．体育特色小镇建设二元模式的路径探索［J］．体育与科学，2018，39（02）：89－94.

〔2〕 宋宇虹，李冰，李双玲，等．我国体育小镇的概念、内涵与类型研究［J］．哈尔滨体育学院学报，2018，36（02）：57－61.

〔3〕 张雷．运动休闲特色小镇：概念、类型与发展路径［J］．体育科学，2018，38（01）：18－26＋41.

展，值得强调的是这种经济发展是满足我国消费者需求的发展，是具有鲜明特色的发展，也是可持续的发展。

（2）我国体育特色小镇发展意义研究

对我国体育特色小镇发展意义的研究主要有：沈克印等（2017）认为体育特色小镇有利于加快体育产业的转型升级、扩大有效供给和促进产业跨界融合，并认为产业关联、制度供给、消费需求和科技发展是体育产业跨界融合的基本要素[1]。胡昌领（2018）认为体育特色小镇建设已成为新时代城镇建设和体育产业发展的空间集合体，从功能定位、建设理念与精准治理的角度来看，体育特色小镇应把握历史文化传承，体现现实创新；突出特色产业、特色景观、特色文化、特色品牌和特色机制，集宜居、宜养、宜游、宜业、宜练等多功能特征为一体[2]。季朝新等（2018）认为运动休闲特色小镇建设的逻辑起点是人民群众的健身需求、体育供给侧结构性改革的需要和落实新型城镇化战略；其建设的概念模型包括运动休闲特色小镇的建设方案、影响因素和实现途径；其建设的功能定位是源于改革实践、指导改革实践，服务人民群众和推动体育产业发展[3]。张雷（2018）认为运动休闲特色小镇发展路径研究的逻辑起点是主导运动休闲特色产业的生产要素；技术创新和制度创新是运动休闲特色小镇产业发展和产业融入的主要驱动力；运动休闲特色小镇发展的核心目标是“三个发展、两个效应”，即主导运动休闲特色产业发展、小镇产业发展和小镇城镇化发展，以及运动休闲特色小镇的扶贫攻坚效应和辐射带动效应[4]。可

---

〔1〕沈克印，杨毅然．体育特色小镇：供给侧改革背景下体育产业跨界融合的实践探索［J］．武汉体育学院学报，2017，51（06）：56－62.

〔2〕胡昌领．体育特色小镇的功能定位、建设理念与精准治理研究［J］．体育与科学，2018，39（03）：69－74.

〔3〕季朝新，王一博．运动休闲特色小镇建设：逻辑起点、概念模型和功能定位［J］．体育文化导刊，2018，（02）：88－92.

〔4〕张雷．运动休闲特色小镇：概念、类型与发展路径［J］．体育科学，2018，38（01）：18－26＋41.

见，对体育特色小镇发展意义的研究，专家学者们具有一致的意见，即体育特色小镇是推进新时代我国供给侧结构性改革，加快经济转型升级，促进体育产业发展与城镇化发展的有效融合。

（3）我国体育特色小镇调查及对策研究

曹彧（2016）从北京市丰台区槐房村建设中国足球小镇出发，认为体育发展在现代城镇化建设中具有重要的战略地位[1]。胡昌领（2018）认为体育特色小镇建设应该避免出现同质化以及有产业无消费的现象；体育特色小镇建设应该克服“经济效益”至上的固化思维，突出文化的继承与再造，以避免有特色无“精神”现象的出现；体育特色小镇建设必须遵循产业发展规律，在创建、运营和常态期实施精确治理[2]。白惠丰等（2018）认为运动休闲特色小镇存在规划布局中缺失文化因子、产业集聚却消费潜力不足、有特色而无灵魂等问题。建议立足当地的地理区位特征进行特色定位，培育特色体育产业；突出地域人文特色，促进人文消费；完善建设保障体系，确保运动休闲特色小镇有效落地[3]。张晓等（2018）对泰山风景区体育特色小镇调查研究，认为泰山风景区体育特色小镇的开发应以开拓型战略为主（打造品牌赛事，独占特色优势；保护自然资源，营造绿色文化），充分利用市场机遇和自身优势，兼顾抗争型战略（联动企业发展，优化消费系统），尽量规避环境威胁[4]。蒋清等（2017）以全域旅游为视角，认为体育特色小镇应以市场需求为导向，培育全体验产品类型；以体育旅游产业为主体，推行产业融合战略；以部门协同合作为基础，构建全

〔1〕 曹彧．体育对城镇化的作用毋庸置疑：从中国足球小镇建设看群体布局思考之一［N］．中国体育报，2016－4－11（5）．

〔2〕 胡昌领．体育特色小镇的功能定位、建设理念与精准治理研究［J］．体育与科学，2018，39（03）：69－74.

〔3〕 白惠丰，孟春雷．新常态背景下运动休闲特色小镇创建问题及路径研究［J］．体育文化导刊，2018，（03）：87－91.

〔4〕 张晓，房蕊，李海杰．体育特色小镇 SWOT－AHP 定量模型建构与开发战略选择：以泰山风景区为例［J］．中国学校体育（高等教育），2018，5（01）：24－30.

覆盖公共服务体系；以打通体育与资本链条为基点，探索多元主体融资模式；以互联网为媒介，打造全媒体网络营销模式[1]。王松等（2018）认为运动休闲特色小镇建设过程中融入传统体育文化能够为传统体育文化固本培元、“守根”“铸魂”；吸纳创新、“去糟”“取精”；挖掘推广、“传承”“弘扬”，能避免“千镇一面”的运动休闲特色小镇建设，有助于提高运动休闲特色小镇居民的文化自信[2]。何春刚（2017）认为政府在建设体育特色小镇的过程中应该承担起顶层设计、资源要素保障、基础设施配套、组织协调监督等职能。并提出了促进体育特色小镇建设的基本路径：构建体育特色小镇建设的多元治理体系，建立资源导向的体育小镇特色定位，通过政策引导，合力培育多元主体，建立体育特色小镇建设评价体系[3]。王志文等（2018）分析了特色小镇建设的实践经验。研究运动休闲特色小镇的形成动力与融合过程，并提出创新制度供给、完善相关体制机制、完善产业价值链、推动产城融合、创新小镇运营模式、提高企业创新能力等建设路径[4]。范斌（2018）认为根植性是体育特色小镇建设的立足之本；体育特色小镇的建设是生产集聚和消费集聚的综合体，在一定程度上承担了城市功能疏解的重任；自然禀赋是体育特色小镇建设的立足之本；社会资本是体育特色小镇建设的重要保障；市场需求是体育特色小镇发展的前提条件[5]。学者们对我国体育特色小镇调查与对策的研究数量较多，这些调查与对策研究也是当下体育特色小镇在发展初期亟待研究的课题。

---

〔1〕 蒋清，敬艳．全域旅游视域下体育特色小镇的开发［J］．开放导报，2017，（05）：92－95.

〔2〕 王松，张凤彪，崔佳琦．传统体育文化融入运动休闲特色小镇建设研究［J］．体育文化导刊，2018，（05）：79－83.

〔3〕 何春刚．体育小镇建设中的政府职能与推进路径［J］．南京体育学院学报（社会科学版），2017，31（04）：23－27.

〔4〕 王志文，沈克印．产业融合视角下运动休闲特色小镇建设研究［J］．体育文化导刊，2018，（01）：77－81.

〔5〕 范斌．基于根植性理论视角下的我国体育特色小镇建设机制研究［J］．体育与科学，2018，39（01）：84－89.

（4）国外体育特色小镇发展经验研究

石秀廷（2018）认为国外体育特色小镇建设与发展，既有中心地理论、空间生态理论、增长极理论等理论体系支撑，也有鲜活的实践经验。主要是：利用现有资源选择特色主题；促进体育产业与相关产业共生发展；完善基础设施与配套服务；构建科学的运营管理模式。这些经验启示我们：政府在规划、建设和发展体育特色小镇时，应根据当地自然禀赋和人文特色，不断拓展和丰富体育特色小镇功能，持续推动体育与相关产业融合发展，着力加强乡镇基础设施与配套服务体系建设，积极创新规划和建设工作机制[1]。董芹芹等（2018）以法国霞慕尼运动休闲特色小镇为例，分析了其发展历程和运营模式，从区位特色、产业特色、治理特色三方面总结了霞慕尼小镇建设特色和发展经验。以运营思维进行规划，完善基础设施与配套服务；深度培育产业驱动力，实现产业融合和联动；打造独一无二的文化 IP，提高产业附加值；利用消费驱动增强旅游辐射力和小镇外向度；营造生活吸引力，打造生活新空间；立足未来对生态进行保护，完善相关政策机制[2]。王学彬等（2018）运用文献资料等研究方法，对发达国家体育特色小镇建设的发展脉络、成功经验进行分析，认为发达国家体育特色小镇建设经历了孕育成型、快速发展、趋于成熟三个阶段；重视支撑体系建设、形成完善体育产业链、注重体育文化传承等是其发展的重要经验。提出推进我国体育特色小镇建设应加强顶层设计引领，合理划分政府职责范围，培育中介组织，强化目标细分，发挥多元功能[3]。根据我国学者、专家对国外体育特色小镇的研究发现：在凸显自身特色优势的基础之上，增强配套设施建设，促进体育产业与相关产业的融合，并进

〔1〕石秀廷．体育特色小镇建设的国际经验及其启示［J］．广州体育学院学报，2018，38（03）：39－42＋67.

〔2〕董芹芹，沈克印．法国运动休闲特色小镇建设经验及对中国的启示：以霞慕尼（Chamonix）小镇为例［J］．武汉体育学院学报，2018，52（06）：20－25.

〔3〕王学彬，项贤林．体育特色小镇建设：域外经验与中国路径［J］．上海体育学院学报，2018，42（04）：62－67＋80.

行科学有效的管理运营是国外体育特色小镇发展的基本脉络。

另外，田学礼等（2018）对体育特色小镇发展水平评价指标体系进行研究，并认为其中应包含：体育特色小镇基本信息、体育特色产业、体育特色资源、体育公共服务等四个维度[1]。

目前，我国有关体育特色小镇的研究还较少，研究还处于刚刚起步阶段。对于学者们而言，体育特色小镇的发展是一个十分有研究价值的热点问题，也是亟待研究的重要课题。

5. 关于浙江省农村体育研究

关于浙江省农村体育研究的成果主要有：孙季成等（2006）认为浙江省农民体育需求显现多元化走向及非体育活动群体对“体育锻炼有益健康”的主观认识不足，余暇活动中将其置于很不重要的位置等[2]。陈功（2008）认为浙江经济欠发达地区农村体育健身活动普及率不高；农民参与体育活动形式单一及体育消费处于较低水平[3]。吴秋林等（2008）对浙江省农村体育管理体制与运行机制进行调查研究，发现体育管理机构不健全，政府投入不足，体育竞赛活动开展不多，农村体育活动缺乏特色、缺乏横向联系与嫁接[4]。宋维能（2011）以篮球特色村洪溪村为调查个案对浙江省农村体育组织运行机制进行研究，认为人力和资金匮乏是阻碍农村体育组织发展的最大障碍[5]。王守都（2011）以温州地区为例，对新农村建设中民族传统体育的现状进行分析研究后发现，存在广大农民群众对丰

---

〔1〕 田学礼，赵修涵．体育特色小镇发展水平评价指标体系研究［J］．成都体育学院学报，2018，44（03）：45－52.

〔2〕 孙季成，章莺，傅振磊．当代浙江农民体育需求与体育态度的调查研究［J］．广州体育学院学报，2006，（02）：41－47.

〔3〕 陈功．浙江经济欠发达地区农村体育现状调查与分析［J］．浙江体育科学，2008，（01）：39－41＋76.

〔4〕 吴秋林，刘雪娇，赵雪峰．浙江省农村体育管理体制与运行机制的调查研究［J］．中国体育科技，2008，（06）：15－18.

〔5〕 宋维能．浙江省农村体育组织运行机制研究：以篮球特色洪溪村为调研个案［D］．金华：浙江师范大学，2011.

富精神文化生活十分渴望与目前民族传统体育推广工作落后之间的矛盾[1]。林时欢（2012）对温州市农村体育现状进行研究，认为农民体育意识薄弱；城乡、地区间发展不平衡；场地设施资源缺乏；体育专业人才缺乏导致活动困难；经费缺乏，来源渠道单一[2]。彭艳芳等（2013）认为浙江省农村空巢老人体育健身意识淡薄，体育健身知识缺乏，农村体育健身设施供给不足，相关部门体育活动组织化程度低下[3]。

6. 关于乡村振兴战略的研究

在中国知网（CNKI），笔者以“乡村振兴”为主题词进行检索，结果见表1－3。

表1－3 以“乡村振兴”为主题词检索出相关文献统计一览表

年份	文献数量/个
1978—2014	0
2015	1
2016	2
2017	1581
2018	13129

可见，学者们对“乡村振兴”进行针对性研究是从2017年至2018年这两年开始的，并在2018年呈现爆发性增长态势，检索出文献涉及基金数高达253个，其中国家级基金数就有215项，占比达84.98%。笔者对检索出的文献进行研究后发现：出现这一现象主要原因是习近平总书记在

〔1〕 王守都．新农村建设中民族传统体育的现状分析研究：以温州地区为例［D］．北京：北京体育大学，2011.

〔2〕 林时欢．温州市农村体育发展现状调查研究［J］．教育教学论坛，2012，(01)：67－68.

〔3〕 彭艳芳，王占坤．浙江省农村空巢老人体育健身现状及体育需求研究［J］．体育文化导刊，2013，(08)：31－34.

2017年10月18日，党的十九大报告中提出的乡村振兴战略，指出“农业农村农民问题是关系国计民生的根本性问题，必须始终把解决好‘三农’问题作为全党工作重中之重”[1]。2018年2月4日，中共中央、国务院公布2018年中央一号文件，即《中共中央 国务院关于实施乡村振兴战略的意见》。2018年3月5日，国务院总理李克强在作政府工作报告时说，大力实施乡村振兴战略。同年5月31日，中共中央政治局召开会议，审议《乡村振兴战略规划（2018—2022年）》。通过中央文件的出台，国家对乡村振兴的重视可见一斑，这是带动专家学者研究乡村振兴最重要的原因。

通过对我国乡村振兴战略相关文献研究的梳理，我们认为：乡村振兴战略研究主要分为对乡村振兴战略的解读、乡村振兴战略要振兴什么、怎么实施乡村振兴战略、实施乡村振兴战略的成果和经验四个方面。

（1）对乡村振兴战略的解读

秦中春（2017）认为乡村振兴战略是新时代解决新矛盾的迫切要求；是与国家对外实行开放经济战略进行组合配套，系统解决现代市场经济体系运行深层次矛盾的既重要又可控的重要抓手；是呼应新时期全国城乡居民发展新期待，引领农业现代化发展和社会主义新农村建设以及农民教育科技文化进步的重要内容；要因地制宜、重视打破历史形成的乡村发展低水平均衡状态，推进政府、市场和社会相结合，加强组织领导、公共管理和公共服务[2]。朱泽（2017）在对乡村振兴战略解读的基础上，指出党的十九大提出的实施乡村振兴战略20字总要求，从产业兴旺切入，到生活富裕结局，构成了一个完整的目标体系，其中产业兴旺是乡村振兴的根本出路[3]。魏后凯（2017）认为实施乡村振兴战略，促进农村全面发展和繁

〔1〕 新华网．习近平强调，贯彻新发展理念，建设现代化经济体系［EB/OL］．(2017－10－18). http://www. xinhuanet. com/politics/2017－10/18/c_1121820551. htm.

〔2〕 秦中春．把握实施乡村振兴战略的重大意义和工作重点［N］．中国经济时报，2017－11－15（001）．

〔3〕 朱泽．大力实施乡村振兴战略［J］．中国党政干部论坛，2017，(12)：32－36.

荣，是决胜全面建成小康社会的重中之重[1]。庄晋财（2017）认为乡村振兴战略的逻辑起点是城乡要素互动形成要素在乡村聚集共生，要素互利共生引发乡村创业，乡村创业聚集催生乡村新业态，延伸新产业，促进一二三产业融合发展，改变农村单一产业结构，进而使产业兴旺，经济繁荣[2]。蒋和平（2017）认为我国经济正处在转变发展方式、优化经济结构、转换增长动力的攻关期，推进农业供给侧结构性改革，提高农业农村全要素生产率有利于不断增强我国经济的创新力和竞争力。同时表明乡村振兴战略具体内容的逻辑关系（图1－1）[3]。可见，乡村振兴战略是新时代的重要发展战略之一，关乎国家的发展总体战略，这也将乡村的发展推向一个新的高度。

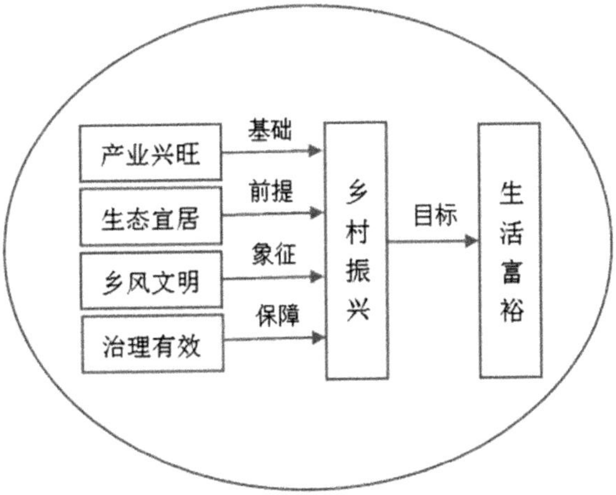

图1－1　乡村振兴战略具体内容的逻辑关系

〔1〕 魏后凯．坚定不移地实施乡村振兴战略［N］．经济日报，2017－11－3（011）．

〔2〕 庄晋财．论乡村振兴战略的逻辑起点［J］．新疆农垦经济，2017，（11）：2＋93.

〔3〕 蒋和平．实施乡村振兴战略及可借鉴发展模式［J］．农业经济与管理，2017，（06）：17－24.

（2）乡村振兴战略要振兴什么

李国祥（2017）认为促进农村一二三产业融合发展是乡村振兴的重要途径[1]。陈炎兵（2017）认为乡村要振兴，经济是关键。乡村振兴的核心和最根本的问题是经济振兴[2]。张宇等（2018）认为乡村振兴要实现突破，必须以绿色发展为导向，做法是：必须在强化空间优化、推进绿色产业、优化政策体系和构建科技创新体系等关键领域和重点方向率先实现突破[3]。刘合光（2018）研究表明：总设计师、人民公仆、村干部、村民、各类智囊以及其他参与者是我国乡村建设的重要参与主体。各参与主体在乡村振兴战略实施中各有功用。落实乡村振兴战略构想，需要各参与主体充分协作、共同努力，才能把伟大蓝图一步步转化为梦想成真的现实[4]。乡村振兴的落脚点是经济，这一点得到了专家、学者的一致认可，但经济的振兴，同样要符合新时代经济转型升级的要求。

（3）如何实施乡村振兴战略

杨希（2016）以日本能登里山里海乡村区域振兴运动为例，并从立法规范、景观规划的推进体制、各类民间组织活动的内容形式特点三个角度来具体解析当代日本乡土价值观的复兴模式，进而展现日本城乡统筹发展中重新构筑社会意识体系的有益探索，为中国新时期乡村规划建设提供启示[5]。关震等（2017）认为要深刻理解乡村振兴战略的实质与内涵，正确处理好经济发展与人的全面发展和乡村全面进步、乡村振兴与城市发展及

---

〔1〕李国祥．产业融合发展是乡村振兴的重要路径［N］．上海证券报，2017－11－28（012）．

〔2〕陈炎兵．实施乡村振兴战略推动城乡融合发展：兼谈学习党的十九大报告的体会［J］．中国经贸导刊，2017，(34)：52－55.

〔3〕张宇，朱立志．关于“乡村振兴”战略中绿色发展问题的思考［J］．新疆师范大学学报（哲学社会科学版），2019，40（01）：65－71.

〔4〕刘合光．激活参与主体积极性，大力实施乡村振兴战略［J］．农业经济问题，2018，(01)：14－20.

〔5〕杨希．日本乡村振兴中价值观层面的突破：以能登里山里海地区为例［J］．国际城市规划，2016，31（05）：115－120.

与深化改革开放、调动农民积极性与加强党的集中统一领导几者之间的关系，必将确保乡村振兴战略的顺利实施，“四化同步”发展，最终实现全面建成小康社会与中华民族的伟大复兴[1]。廖彩荣等（2017）认为实施乡村振兴战略，需坚持顶层设计，科学制定乡村振兴规划；需强化制度供给，统筹推进乡村“五位一体”建设；需推进农业供给侧结构性改革，加快实现农业农村现代化；需坚持人民主体地位，紧紧依靠和为了广大农民；需抓住“人、地、钱”关键要素，推动战略行稳致远[2]。涂圣伟（2017）认为产业兴旺是乡村振兴的一个重要基础。农村活不活，农民富不富，关键取决于农村生产力的发展。并要在要素自由流动和高效配置上求突破，加快推进农村一二三产业融合，加快新技术、新业态、新模式发展，培育农村产业发展新动能，保持农业农村经济发展的旺盛活力[3]。傅国华等（2017）应用分层次管理理论，科学识别乡村发展层次，制定层次适配的乡村振兴战略具体对策[4]。叶兴庆（2018）认为在城乡二元结构仍较为明显的背景下，要促进农业农村现代化跟上国家现代化步伐，必须牢牢把握农业农村优先发展和城乡融合发展两大原则。要抓好“人、地、钱”三个关键，促进乡村人口和农业从业人员占比下降、结构优化，加快建立乡村振兴的用地保障机制，建立健全有利于各类资金向农业农村流动的体制机制[5]。文丰安（2018）针对新时代乡村振兴中农村人口结构失衡、农村产业发展滞后、农村教育问题突出、乡村传统文化衰落、乡村社会治理存在隐患、生态环境堪忧等问题，提出要从机制创新路径、产业发

[1] 关震，阎西塬．实施乡村振兴战略应注意的几个关系［J］．理论界，2017，(11)：15－21.

[2] 廖彩荣，陈美球．乡村振兴战略的理论逻辑、科学内涵与实现路径［J］．农林经济管理学报，2017，16（06）：795－802.

[3] 涂圣伟．实施乡村振兴战略的三大着力点［N］．经济日报，2017－12－31（008）．

[4] 傅国华，李春，郑凯．分层精准施策全面推进乡村振兴战略［J］．新东方，2017，(05)：15－18.

[5] 叶兴庆．新时代中国乡村振兴战略论纲［J］．改革，2018，(01)：65－73.

展路径、科技创新路径、人才培育路径等方面引领乡村的振兴[1]。周立等（2018）认为要借鉴日韩两国乡村振兴的经验，发挥“六次产业”中的加法效应和乘法效应，促进乡村产业创造新供给，培育乡村一二三产业融合的新业态，从而发挥出农业的多功能性，实现农业价值增值，推动乡村振兴战略的实现[2]。郭晓鸣（2018）认为推进乡村振兴战略必须防范过度行政化和过度形式化等潜在风险；应当把构建以乡村振兴规划体系为先导的约束机制、以土地制度改革为重点的动力机制、以优化政策体系为关键的支撑机制、以绿色发展为核心的引领机制作为突破重点[3]。魏后凯（2018）认为在实施乡村振兴战略的过程中，需要破解人才短缺、资金不足和农民增收难三大难题[4]。叶兴庆（2017）认为在乡村振兴战略下，实现精准扶贫的核心要义，就是产业扶贫。之所以强调“产业”，是因为只有产业扶贫，才能让农民长期、可持续地过上更好的生活[5]。张怀英（2018）从乡村振兴战略视角出发，认为应充分考虑农村创业情境、经验和形成机制，才能制定出与时俱进的“三农”政策体系[6]。姜德波等（2018）就我国城市化进程中的乡村衰落现象，认为实施乡村振兴战略，要全面准确把握“产业兴旺、生态宜居、乡风文明、治理有效、生活富裕”的总要求，建设产业发达、人口充足、文教昌盛、治理高效、设施完

---

〔1〕 文丰安．新时代乡村振兴战略推进之理性审视［J］．重庆社会科学，2018，（04）：16－24.

〔2〕 周立，李彦岩，王彩虹，等．乡村振兴战略中的产业融合和六次产业发展［J］．新疆师范大学学报（哲学社会科学版），2018，39（03）：16－24.

〔3〕 郭晓鸣．乡村振兴战略的若干维度观察［J］．改革，2018，（03）：54－61.

〔4〕 魏后凯．如何走好新时代乡村振兴之路［J］．人民论坛·学术前沿，2018，（02）：14－18.

〔5〕 马玉荣．如何实施乡村振兴战略：专访国务院发展研究中心农村经济研究部部长、研究员叶兴庆［J］．中国经济报告，2017，（11）：15－19.

〔6〕 张怀英．农村创业助推乡村振兴的模式选择及其实现机制［J］．吉首大学学报（社会科学版），2018，39（03）：92－98.

备、环境优美、与城镇化相匹配的社会主义现代乡村[1]。郑风田等（2018）根据各类村庄在乡村振兴过程中的有利依托，将我国现存的村庄大致划分为A、B、C、D四类，并明确各类村庄未来发展可能的方向；然后详细阐述了B、C两类村庄在发展振兴过程中对精英人物、城乡要素流动、一二三产业融合发展方面的需求及可能存在的不同等[2]。张丙宣等（2018）认为乡村振兴应该从外生性发展向内生性发展转变，从经济发展向全面的可持续发展转变，需要依赖乡村内生能力的提升和乡村资源禀赋结构的升级[3]。

（4）实施乡村振兴战略的成果和经验

黄祖辉（2017）认为实施乡村振兴战略，浙江走在了全国的前列。在中国的乡村振兴中，除了要有正确的理念引领、完善的治理体系、贴切的人文定位外，还需要有适合乡村产业特点和有助于产业健康发展的制度安排[4]。唐安来等（2017）在总结江西农业供给侧结构性改革所取得成就的基础上，系统分析绿色生态导向下江西农业供给侧结构性改革所面临的问题，提出8个推进绿色生态导向下的江西农业供给侧结构性改革的对策：调好农产品区域布局；调优农业产业结构；调绿农业生产方式；调顺农业绿色经营体系；调强科技与人才支撑；调响农产品品牌；调深农村一二三产业融合；调实绿色农业发展的保障措施[5]。陈美球等（2018）分析研究江西省黄溪村依托建设集体经济组织和创新土地使用制度，通过“确权确股不确地”助推农业现代化，促进农业产业兴旺；“人、地、钱”挂钩推

[1] 姜德波，彭程．城市化进程中的乡村衰落现象：成因及治理［J］．南京审计大学学报，2018，15（01）：16－24.

[2] 郑风田，杨慧莲．村庄异质性与差异化乡村振兴需求［J］．新疆师范大学学报（哲学社会科学版），2019，（01）：57－64.

[3] 张丙宣，华逸婕．激励结构、内生能力与乡村振兴［J］．浙江社会科学，2018，（05）：56－63＋157－158.

[4] 黄祖辉．浙江乡村振兴战略的先行探索与推进［J］．浙江经济，2017，（21）：24－25.

[5] 唐安来，翁贞林，吴登飞，等．乡村振兴战略与农业供给侧结构性改革：基于江西的分析［J］．农林经济管理学报，2017，16（06）：803－808.

进农村现代化，打造生态宜居环境；“村事村议”提升社会治理成效，建设文明乡风。这些实践，在乡村振兴中取得了良好的成效。在深入剖析黄溪村实践的基础上，陈美球等提出村集体经济组织是落实乡村振兴战略的关键实施主体，坚持系统思维的土地使用制度创新则是推进乡村振兴的关键切入点[1]。杨邦杰（2017）通过十年来对国内外的调查研究，得出的结论是乡村振兴要关注产业发展、基础设施建设、农村人才培育与政策研究等[2]。蒋和平（2017）通过实地调研，总结归纳出安吉模式、虔心小镇模式、眉山泡菜产业发展模式、袁家村模式和平谷大桃产业模式，五个模式各具特色，可为各地实施乡村振兴战略提供发展模式借鉴[3]。吴亚伟等（2017）结合《安徽省广德县县域乡村建设规划》，并希望此规划编制的创新理念和方法，能为同类型地区全面实施乡村振兴战略、完善具有地域特色的县域城镇化战略和城乡规划体系，激发乡村发展活力，有序引导精准扶贫，合理布局城乡空间，构建共享惠民的公共设施体系提供借鉴[4]。

从以上分析我们可以看出：以往农民体育研究基本集中在农民健身，学者们更多考虑如何丰富和发展农民体育文化生活，改善农民健身，促进农村社会和谐发展。这个目标是毋庸置疑的，符合农村社会发展大趋势。但就目前效果来看，实际效果并不明显。其中有多重因素在制约，其中路径问题不可否认，重新审视路径选择十分重要。浙江省提出体育特色小镇建设，对改变发展农村体育健身环境具有重要的现实意义。体育特色小镇建设，以引进体育运动项目带动乡镇经济发展，以经济发展带动农民体育

---

〔1〕 陈美球，廖彩荣，刘桃菊．乡村振兴、集体经济组织与土地使用制度创新：基于江西黄溪村的实践分析［J］．南京农业大学学报（社会科学版），2018，18（02）：27－34＋158.

〔2〕 杨邦杰．乡村振兴：产业、基建、人才与政策［J］．中国发展，2017，17（06）：1－4＋94＋92－93.

〔3〕 蒋和平．实施乡村振兴战略及可借鉴发展模式［J］．农业经济与管理，2017，（06）：17－24.

〔4〕 吴亚伟，张超荣，江帆，等．实施乡村振兴战略创新县域乡村建设规划编制：以《安徽省广德县县域乡村建设规划》为例［J］．小城镇建设，2017，（12）：16－23.

运动，这改变了以往泛泛谈论农村体育缺陷，以运动项目为路径带动农村体育文化发展，走出运动项目与乡镇经济、乡镇传统文化相互融合的发展模式，从而有针对性地促进农民健身事业发展，这是新的思考路径和策略。

我们在以往研究农村体育的基础上，重新审视了农村体育发展现状，以乡镇经济发展和产业结构调整为切入点，以温州市泰顺县百丈镇建设时尚体育特色小镇为范例，系统地研究体育特色小镇建设和发展问题，促进温州市体育特色小镇建设实践，扩大浙江省特色小镇建设示范和引领作用。

第2章 研究设计

研究设计从研究对象、研究方法及研究思路和框架三方面进行论述。

1.1 研究对象

在乡村振兴战略的背景下，本研究以温州市泰顺县百丈时尚体育小镇为研究对象，对百丈镇人民政府相关人员、居民、游客进行实地调查研究。

1.2 研究方法

在对百丈时尚体育小镇建设路径的研究中，本研究重点采用了文献资料法、实地调查法、数据统计法和逻辑分析法等研究方法。

1.2.1 文献资料法

根据研究内容的需要，笔者依托“温州大学图书馆”“苏州图书馆”网络平台，通过 Google Scholar、EBSCO（ASP）、Elsevier Science Direct、Springer 电子期刊数据库、中国知网、超星电子图书、温州地方文献查找与本研究相关的网络学术资源；并浏览浙江省体育局、温州体育局网站和泰顺政务网、泰顺人民政府网站、百丈镇官方微信公众号“百丈汇”等，查找与本研究相关的网络文献资料；依托温州大学图书馆纸质资源，重点对社会研究方法及体育研究方法相关书籍进行研读，并查阅了与本研究相关的社会学、管理学、经济学等理论知识。通过与泰顺县体育局和百丈镇人民政府联系，笔者查阅了泰顺县体育局和百丈镇人民政府出台的相关政策文件，并借鉴和参阅了《百丈镇体育产业专项规划》等相关资料。

1.2.2 实地调查法

本研究重点采用了实地调查法中的访谈法和观察法，对研究内容进行定性研究。

1. 访谈法

访谈调查是研究者通过与被访问者进行口头交谈的方式收集调查资料的一种研究方法，是社会调查的常用方法。[1]

（1）选择访谈法的原因

在2016年10月1—4日对百丈时尚体育小镇研究时，调查者采用了问卷调查的方式，对当地管理者、居民及游客进行调查研究。但在实地发放问卷过程中，遇到了多重阻碍，调查效果不好，难以较为客观地对当地居民和游客进行调查，究其原因主要有：

居民文化水平较低且人口较少。由于本研究调查范围小，当地近500户常住居民中大多是留守老人，文化水平较低，在填写问卷时难度较大。

语言不通。由于发放问卷没有本地人参与，在进行问卷调查时，当地居民对其有防备心理，使得调查效果不佳。

发放问卷经验不足。在发放问卷时，调查者没有注意语言技巧，与调查对象建立的信任度不够，单刀直入进行，使当地居民和游客感到不适应，在心理层面难以接受，这也是导致发放问卷受阻的重要原因。基于对发放问卷过程中所遇到的问题及对所遇问题的总结思考，本研究采用以轻松自由灵活的访谈方式对当地管理者、居民和游客进行调查。

（2）访谈目的

了解百丈镇蓄水前和蓄水后的发展状况。

了解创建百丈时尚体育小镇建设规划内容及进展状况。

了解创建体育特色小镇对当地经济、社会、环境的影响。

了解创建百丈时尚体育小镇在发展中面临的问题。

---

〔1〕张力为．体育科学研究方法［M］．北京：高等教育出版社，2002：195.

了解对出现的问题拟解决的对策。

(3) 访谈对象

笔者分别访谈了泰顺县体育局、百丈镇人民政府相关行政管理人员（图2－1、图2－2），国家及各省市赛艇队管理人员，具体信息见表2－1。

图2－1　与泰顺县体育局管理人员合影

图2－2　与百丈镇人民政府管理人员合影

表2－1　百丈时尚体育小镇相关管理人员访谈统计一览表

时间	地点	访谈人数/人	访谈对象
2016.10.1—10.4	泰顺县百丈镇	1	百丈镇人民政府管理人员
2016.10.1—10.4	泰顺县百丈镇	2	赛艇队管理人员
2016.12.1—12.2	泰顺县罗阳镇	2	泰顺县体育局管理人员
2016.12.1—12.2	泰顺县百丈镇	1	百丈镇人民政府管理人员
2016.12.1—12.2	泰顺县百丈镇	2	赛艇队管理人员
2018.4.29—5.1	泰顺县罗阳镇	1	泰顺县体育局管理人员
2018.4.29—5.1	泰顺县百丈镇	1	百丈镇人民政府管理人员
合计		10	

笔者访谈了百丈时尚体育小镇居民（图2－3至图2－6）、百丈时尚体育小镇游客，具体信息见表2－2。

表2-2 百丈时尚体育小镇居民及游客访谈统计一览表

时间	地点	访谈人数/人	访谈对象
2016.10.1—10.4	泰顺县百丈镇	20	百丈时尚体育小镇居民
2016.10.1—10.4	泰顺县百丈镇	5	百丈时尚体育小镇游客
2016.12.1—12.2	泰顺县百丈镇	15	百丈时尚体育小镇居民
2016.12.1—12.2	泰顺县百丈镇	12	百丈时尚体育小镇游客
2018.4.29—5.1	泰顺县百丈镇	8	百丈时尚体育小镇游客
2018.4.29—5.1	泰顺县百丈镇	11	百丈时尚体育小镇游客
合计		71	

图2-3 与百丈镇居民合影一

图2-4 与百丈镇居民合影二

图2-5 与在百丈镇训练的赛艇运动员合影

图2-6 与百丈镇农家乐老板合影

（4）访谈形式

基于对受访者的相关情况了解不够全面的条件下，本调查采用询问开放型问题的形式展开访谈调查，并结合面对面个别半结构化访谈的类型展开。

（5）访谈过程

笔者在2015年11月前往百丈时尚体育小镇游览，由于时间原因，只对百丈时尚体育小镇进行了大致了解，但对百丈镇飞云湖的美景及在百丈时尚体育小镇驻扎的赛艇队印象深刻，这也激起笔者对百丈时尚体育小镇的研究兴趣。

本研究在2016年6月成功被温州大学研究生部确定为2016年暑期社会实践项目，但由于召开G20峰会的原因，未能在暑期展开调查研究。直到2016年10月才对其正式展开研究。并在此基础上，于2016年12月再次对调查内容进行修改和完善，进一步对其研究内容进行修改完善。

2. 观察法

观察法是观察者有目的、有计划地运用自己的感觉器官和辅助工具，能动地了解处于自然状态下的社会客观现象的方法。[1]

（1）观察目的

为进一步了解百丈时尚体育小镇建设状况，笔者重点对百丈时尚体育小镇建设进度、社区环境状况、自然生态环境状况、社区居民经济、文化生活方面进行实地观察。

（2）观察对象

百丈时尚体育小镇建设发展状况。

（3）观察形式

参与性观察者在所被观察的活动中是个正规的参与者，其双重身份一般不为其他参与者所知[2]。根据此条件，笔者采用了参与性观察的形式展

〔1〕周孝正，王朝中．社会调查研究［M］．北京：中央广播电视大学出版社，2005：203.

〔2〕贝利．现代社会研究方法［M］．上海：上海人民出版社，1986：67.

开研究。

(4) 观察内容

具体实地观察内容见表2-3。

表2-3 对百丈时尚体育小镇观察内容一览表

观察类别	观察内容
工程建设进度	完成的工程建设
	正在进行的工程建设
	工程建设进展状况
经济状况	私营行业经营状况
	农业发展状况
	游客人数及消费情况
社会状况	社区卫生状况
	教育状况
	交通状况
	文化建筑状况
环境状况	居民休闲娱乐健身状况
	居住环境状况
	空气质量状况
	水资源环境状况
	噪声污染情况

(5) 记　录

笔者在进行观察时，根据实际情况，主要采用手机摄像的形式进行记录。在摄像的时候，尽量做到全面客观，并对有些部分进行了特写，如访谈对象、建设内容等。

(6) 整　理

实地调查结束后，笔者对图片进行了系统整理，把具体调查时间、地点和对象分别放在不同文件夹中，并选取具有代表性的图片进行展示（图2－7至图2－9）。

图2－7　未完工的运动员宿舍

图2－8　建设中的观景露营平台

图2－9　刚建成的彩色慢行道

1.2.3　数据统计法

本研究重点是在对体育特色小镇相关文献的整理研究和温州市泰顺县百丈时尚体育小镇实地调查整理中，笔者进行数据统计处理，制作相关数据表格并作出分析，这样能够较为直观地显现研究所得内容。

1.2.4 逻辑分析法

笔者对已查阅的相关文献资料进行归类、整理与分析，结合实地调查，分析因果关系，运用归纳、演绎、综合等逻辑分析法，对涉及本研究课题的各种信息进行全面分析与探讨。

1.3 研究思路和框架

根据本研究的研究背景和目的等相关内容，确定了研究思路和研究框架。

1.3.1 研究思路

本研究在梳理我国自改革开放以来乡村振兴战略发展脉络的基础上，以百丈时尚体育小镇为研究对象，采用实地调查法，结合经济学、管理学等相关学科理论知识，对体育特色小镇进行针对性分析研究。在此基础上，结合我国乡村振兴战略的发展经验，对百丈时尚体育小镇的建设及战略举措进行研究，以走出百丈时尚体育小镇在发展中出现的困境，促进百丈时尚体育小镇健康发展，也期望为全国体育特色小镇的发展带来一些参考。

第一，对我国自改革开放以来，实施乡村振兴战略的历史背景进行研究。

第二，对体育特色小镇的概念进行研究。

第三，对百丈时尚体育小镇的建设进行研究。

第四，对在乡村振兴战略大背景下，体育特色小镇的建设内容进行研究。

第五，对体育特色小镇建设战略布局进行研究。

第六，对体育特色小镇建设保障机制进行研究。

1.3.2 研究框架

第一部分：绪论。主要内容为本研究的选题背景、研究目的与意义和国内外研究综述。

第二部分：研究设计。主要内容为研究对象、研究方法、研究思路和框架。

第三部分：乡村振兴战略实施历史背景。主要内容为我国自改革开放以来实施城乡统筹一体化政策变迁、实施城镇化发展政策变迁、乡村振兴战略的内容。

第四部分：特色小镇及体育特色小镇概念简析。主要内容为特色小镇的范畴体系、体育特色小镇理论分析等。

第五部分：温州市泰顺县百丈时尚体育小镇建设。主要内容为温州市泰顺县百丈镇及百丈时尚体育小镇概况、规划建设、存在问题及成因、建设路径等方面。

第六部分：乡村振兴战略及体育特色小镇建设研究。主要内容为乡村振兴战略中体育特色小镇建设机遇和挑战分析、体育特色小镇建设供给侧结构性改革必要性研究等。

第七部分：体育特色小镇的战略布局研究。主要内容为体育特色小镇体育场馆短板及供给侧结构性改革研究、体育特色小镇文化协同发展战略研究、体育特色小镇生态文明发展战略研究、体育特色小镇体育赛事开发发展战略研究等。

第八部分：体育特色小镇建设保障机制研究。主要内容为建设体育特色小镇政策供给研究、资金保障研究、人才支撑体系研究等。

第3章　乡村振兴战略实施历史背景研究

在党的十九大报告上，习近平总书记指出：农业农村农民问题是关系国计民生的根本性问题，必须始终把解决好“三农”问题作为全党工作重中之重。同时，在报告中提出，要实施乡村振兴战略。实施乡村振兴战略，是中共中央对农村工作提出的一个大战略[1]。2018 年 2 月 4 日，中共中央、国务院公布了 2018 年中央一号文件，即《中共中央 国务院关于实施乡村振兴战略的意见》，进一步强调了农业农村农民问题是关系国计民生的根本性问题，并指出：没有农业农村的现代化，就没有国家的现代化[2]。

1.1　我国实施城乡统筹一体化政策变迁分析

我国政府关注乡村建设和发展由来已久，也取得了巨大成就和宝贵经验。梳理自改革开放以来我国乡村发展政策的变迁，有助于把握我国在不同时期乡村发展过程中所面临的问题，摸清我国乡村发展的脉络，为进一步促进体育特色小镇的健康发展提供理论支撑。

1.1.1　城乡统筹和城乡一体化概念分析

长期以来，我国城乡在管理过程中实行的是城乡分割式的管理方式，即城乡二元结构体制。这样的体制结构在一定程度上使我国城乡和农民的联系产生了隔阂，严重影响到了城市化的进程。随着最近几年农村经济不

---

〔1〕 宋圭武．全面实施乡村振兴战略［J］．社科纵横，2017，32，(12)：5－8.

〔2〕 中共中央，国务院．中共中央 国务院关于实施乡村振兴战略的意见［EB/OL］．(2018－02－04). http://www. gov. cn/zhengce/2018－02/04/content_5263807. htm.

断发展，对城乡进行统筹管理、积极推进城乡一体化发展成为我国农村工作的重中之重。

1. 城乡统筹概念分析

“城乡统筹”在字面上解释是“城”“乡”在一定的时代背景中，互动发展，以实行“城”“乡”发展双赢为目的发展格局，充分发挥工业对农业的支持和反哺作用、城市对农村的辐射和带动作用，建立以工促农、以城带乡的长效机制，促进城乡协调发展。城乡统筹就是要改变和摒弃过去那种重城市、轻农村，“城乡分治”的观念和做法，通过体制改革和政策调整削弱并逐步清除城乡之间的藩篱，在制定国民经济发展计划、确定国民收入分配格局、研究重大经济政策的时候，把解决好农业、农村和农民问题放在优先位置，加大对农业的支持和保护。城乡统筹，其内涵是要坚持以人为本，使农村居民和城市居民同步过上全面小康的幸福生活，最终目标是要使农村居民、进城务工人员及其家属与城市居民一样，享有平等的权利、均等化的公共服务、同质化的生活条件[1]。坚持统筹城乡发展的理念，是实现城乡机会平等、消除制度歧视并增加农民收益的保证[2]。

2. 城乡一体化概念分析

城乡一体化的思想最早存在于马克思主义经典作家关于“城乡融合”以及对共产主义社会的描述中[3]。马克思在提出共产主义社会理论时，其中一个重要的内容就是消灭城乡差距，实现城乡一体化发展。党的十七大报告在阐述和部署社会主义新农村建设任务时明确提出，要建立以工促农、以城带乡长效机制，形成城乡经济社会发展一体化格局，着力推进城乡发展规划、基础设施建设、公共服务、劳动力就业、社会管理五方面一体化建设。从国家战略层面出发，城乡一体化的核心在于解决城乡居民的

---

〔1〕 百度百科．城乡统筹［EB/OL］．https://baike.baidu.com/item/城乡统筹/82199? fr = aladdin.

〔2〕 宋海英，姜长云，杜妍妍．统筹城乡发展研究述评［J］．调研世界，2004，（10）：34－37.

〔3〕 马克思，恩格斯．马克思恩格斯全集［M］．北京：人民出版社，1956.

优势资源和待遇不公问题[1]。可见，城乡一体化是一种全新的科学发展观点，其实现的条件是要保证我国农村地区生产力发达，经济水平上升到一定的位置上，充分发挥城市和乡镇的各自优势，充分对资源进行优化配置，保证城乡之间相互融合相互渗透，最终实现城市和农村协同发展，消除城乡二元结构，实现城乡一体化。

1.1.2　改革开放以来城乡统筹政策制度变迁分析

改革开放以来，我国在经济、社会、文化、政治等各方面都取得了举世瞩目的成就，但城乡发展的差距始终存在，这是一个难解的课题。虽然有历史初始条件、经济、政治及文化等多方面的原因，但根源还是政策制度。或者说中华人民共和国成立初期形成并在以后不断得以强化的城市偏向的各种体制是造成目前我国城乡分割的制度根源[2]。

1. 第一阶段（1978—2002 年）：城乡二元结构体制的松动阶段

在这一阶段，我国一步一步地打开了农产品市场的大门，批准劳动力的转移，取消城镇粮食供应制度，城乡二元结构体制有所松动。然而城市与农村户口有区别制度、粮食供给制度、教育制度等虽有各不相同的变化，但这些制度并未被撤销，农民并没有享受和城市市民一样的待遇，城市与乡村的收入差距一年比一年大。

（1）制定的相关政策（表 3－1）

表 3－1　国家制定的相关政策统计一览表

年份	文件
1982	《全国农村工作会议纪要》
1983	《当前农村经济政策的若干问题》

〔1〕 李瑾，冯献，郭美荣，等. 城乡一体化发展的时空演变特征与省区差异性分析［J］. 中国农业资源与区划，2017，38（11）：67－77.

〔2〕 杜漪. 城乡统筹发展的制度变迁路径［J］. 乡镇经济，2005，（08）：5－8.

续表

年份	文件
1983	《国家体改委、商业部关于改革农村商品流通体制若干问题的试行规定》
1984	《中共中央关于一九八四年农村工作的通知》
1985	《关于进一步活跃农村经济的十项政策》
1986	《中共中央 国务院关于一九八六年农村工作的部署》
1992	《县级农村社会养老保险基本方案（试行）》

中共中央在 1982 年至 1986 年连续五年发布以农业、农村和农民为主题的中央一号文件，这代表农村改革进入了高潮阶段。尤其在 1983 年，中共中央发布了第二个中央一号文件《当前农村经济政策的若干问题》。它充分论述了家庭联产承包责任制的优越性，认为家庭联产承包责任制是“马克思主义农业合作化理论在我国实践中的新发展”。该文件明确指出，允许农村个体工商户雇工，允许农民个体从事商业和运输业。该文件出台后，迅速在中华大地上扎根发芽，并跳出农业生产领域，扩展到林业、牧业和乡镇企业等各个领域，推动了农村商品经济的蓬勃发展。乡镇企业异军突起，为中国的工业化开辟了一个新的“战场”。这一系列的“三农”政策，在很大程度上促进了农村的改革。

1992 年在邓小平“南方谈话”之后，中央确定了以城市为中心的改革战略，城市经济改革大幅度迈进，其代表性事件包括股市改革、财政体制改革、浦东开发、国企股份制改革等。发展经济学理论告诉我们，发展中国家的经济结构一般是二元经济结构，即现代的工业部门和传统落后的农业部门并存。为了实现现代化和工业化，农业不仅为工业发展提供劳动力（即进城务工人员），而且提供农产品剩余（即廉价农产品和巨额农业税金）。虽然外资在沿海地区已构成了驱动经济发展的动力源，但农业税金依然构成了广大县乡基层人民政府的主要收入来源，中西部地区此现象更为严重。

①户籍制度方面

1958年颁布实施的《中华人民共和国户口登记条例》与1955年出台的《市镇粮食定量供应暂行办法》，以及之后陆续出台的一系列政策和规定，在历史上曾发挥过积极作用。但随着时间的推移，户籍制度的弊端日益显现，这种户口的二元管理结构，人为地把人口分割为城市人口和农业人口，这种严格的户口迁移限制，严重影响了公民的正常合法迁移，其不合理性日益显现并逐渐成为人口合理流动的障碍[1]。

②社会保障方面

1992年由民政部发布的《县级农村社会养老保险基本方案（试行）》（民办发〔1992〕2号）中规定农村养老保险对象为“非城镇人口，不由国家供应商品粮的农村人口”，并指出：“外来劳务人员，原则上在其户口所在地参加养老保险。”这样的规定显然脱离了实际，改革开放以来，许多进城务工、经商的农民，已在城市生活工作多年，职业、生活都已有相当的基础，其中许多人已在城市置业，已经和农村脱离了联系，再让他们向家乡农村社会保障机构缴纳社会保险金，显然已不现实。

③投融资、税率方面

据专家统计，国家在发展城市和进行工业化建设过程中，从农业提取的剪刀差多达6000亿~8000亿元。再如财税、金融制度，一直过度向城市倾斜，对农村的投入相对很少。农业财政支出占国家财政总支出的比例远远低于农业在国民生产总值中的比例，前者仅仅是后者的1/3至1/2。我国税收在城乡之间也存在较大差距，2000年农村人口人均税费比率为3%，但实际比率在5%，而城市人口税率仅为0.58%。这几年银行对农业的投入也大幅下降，国家银行贷款总余额中农业贷款只占5%左右，农村信用社贷款余额中也仅占20%多一点，以上为数不多的贷款额中又有相当比例属于流动性贷款，生产性贷款并不多。这就造成农村资金长期处于

〔1〕余兴厚．中国城镇化进程中社会保障制度的城乡统筹［J］．重庆工商大学学报．西部论坛，2005，(05)：5-8.

“贫血”状态，影响和削弱了农业和农村经济发展[1]。

（2）对乡村发展的作用

我国第一次提出积极稳妥推进城镇化，是在2000年制订第十个五年计划的过程当中，党的十五届五中全会制订关于第十个五年计划时，以一节的内容阐述了积极稳妥推进城镇化的发展目标，明确未来五年要推进城镇化的具体任务。两年之后，党的十六大首次提出“统筹城乡经济社会发展”的理念。这一理念的提出有其特殊的历史背景——党的十六大报告向全国人民、全世界宣告，我国已经完成了邓小平同志提出的“三步走”发展战略的第二步，实现了人均800美元以上的总体小康水平，未来的重要任务就是在实现总体小康的基础上进一步加快建设全面小康。江泽民同志强调，总体小康和全面小康的最大区别就是总体小康是靠平均数实现的，全面小康是要惠及每一个公民。要想实现全面小康社会的目标，必须保证农民同步进入小康，统筹城乡发展理念由此得以提出。

采取哪些举措提高统筹城乡发展的能力？关于这个问题，中共中央采取了很多措施，做了很多准备。比如农业税费改革，1999年中共中央提出方案，2000年在安徽省做试点，2001年江苏省主动提出自费实行农业税费改革，2002年农业税费改革全面推开，极大地调动了农民发展经济的积极性，农村干群矛盾也得到极大缓解。农业税费改革的初衷不是仅仅为了取消农业税，因为我国涉农税收一共包括四项——农业税、农业特产税、牧业税、屠宰税，通称“农业四税”。农业税费改革时期，我国“农业四税”共计300多亿元，而由农民实际负担的税和费共计1350亿元。多出来的近1000亿元主要来自乡镇人民政府向农民征收的“五个统筹”经费，即教育统筹、计划生育统筹、民兵训练统筹、军烈属的优抚资金统筹以及乡村修路架桥经费统筹。在那个特殊时期，国家经济实力不够强大，公共财政支付能力不强，农村社会发展只能依靠农民自己，自筹自支，现在这五项已

〔1〕 姜作培．中国城乡经济社会统筹发展的战略抉择［J］．求索，2004，（02）：4－8.

经被列入政府公共财政开支，农民的经济负担大大减轻。

（3）政策执行亟待解决的问题

首先，在城乡分割的城市发展思路下，政府自觉或不自觉地倾向于以行政力量为中心配置资源，超越市场机制对城市化的资源配置发挥基础性作用，将城市化过程简单地理解为行政区划变更，圈地造城搞开发区，建设大广场、宽马路的过程。城市化对资源的需求不是以市场价格在城乡间流动，这加剧了城市化过程对“三农”的剥夺，导致农业和农村资源流失严重。农民土地被大量低价侵占，导致人地矛盾加剧，农业和农村发展条件恶化，农民抵制“开发”的现象时有发生。

其次，城乡分割的城市化进程基本上把农民排除在外，农民进城就业和落户面临着各种各样的“壁垒”，大量人口被限制在农业内部和农村地域，农村人口向城市转移的速度缓慢，城市化进程滞后。进城农民即使实现了职业转化和地域转移，也很难获得身份的转变和城市社会的保障，无法实现从农民向市民的转变。

总的来看，在城乡二元体制下，我国城市化与经济发展不相适应，城市化质量不高。在城乡有别的户籍制度、财税制度、就业和社会保障制度等二元体制约束下，农村剩余劳动力难以顺利向城市转移，使城市拉动农业和农村发展的作用被弱化，城乡良性互动的机制无法建立起来，“三农”问题与城市发展的反差日益凸显[1]。

2. 第二阶段（2003—2012年）：城乡统筹的发展阶段

我国在2000年虽然达到了总体小康水平，但还有近3000万人连温饱问题都没有解决；农村生产力仍相当落后，不少地方的农业生产仍以手工劳动为主，靠天吃饭的状况仍没有从根本上得到改变；农村人口受教育程度低、医疗卫生条件差、文化生活落后的问题普遍存在。国家统计局按16项指标对总体小康水平进行了综合评价，2000年全国总体小康实现程度为

[1] 盛广耀．城市化模式转变：从城乡分割到城乡统筹［J］．城市，2005（6）：16－18.

96%，16项指标中，有3项未达标而且全与农村有关，它们分别是：农民人均纯收入、人均蛋白质日摄入量和农村初级卫生保健基本合格县比重。在确定16项指标的临界值时，国家统计局已经充分考虑到城乡差别，如人均月收入的小康标准，农村为1200元，城市为2400元，农村仅为城市的一半。尽管如此，农村还未能达标。应该说，在实现现代化建设第二步战略目标的进程中，农村远远地被落在后面[1]。2002年11月党的十六大报告指出，虽然我国人民生活总体上达到了小康水平，但现在达到的小康还是低水平的、不全面的、发展不平衡的小康。根据全面开创中国特色社会主义事业新局面的要求，在深刻分析党和国家面临的新形势、新任务的基础上，党的十六大确定了到2020年实现全面小康社会的奋斗目标，并把城乡统筹确定为全面建设小康社会的一项重要工作[2]。

（1）制定的相关政策（表3-2）

表3-2　国家制定的相关政策统计一览表

年份	文件
2004	《中共中央 国务院关于促进农民增加收入若干政策的意见》
2005	《中共中央 国务院关于进一步加强农村工作提高农业综合生产能力若干政策的意见》
2006	《中共中央 国务院关于推进社会主义新农村建设的若干意见》
2007	《中共中央 国务院关于积极发展现代农业扎实推进社会主义新农村建设的若干意见》
2008	《中共中央 国务院关于切实加强农业基础设施建设进一步促进农业发展农民增收的若干意见》
2009	《中共中央 国务院关于2009年促进农业稳定发展农民持续增收的若干意见》

〔1〕叶兴庆．十六大对“三农”问题的新论述［J］．古今农业，2003，(01)：1-5.

〔2〕孙津．城乡统筹：城乡协调发展的政策机制［J］．中国发展，2004，(02)：10-12.

续表

年份	文件
2010	《中共中央 国务院关于加大统筹城乡发展力度进一步夯实农业农村发展基础的若干意见》
2011	《中共中央 国务院关于加快水利改革发展的决定》
2012	《中共中央 国务院关于加快推进农业科技创新持续增强农产品供给保障能力的若干意见》

2003 年党的十六届三中全会明确指出："按照统筹城乡发展的要求，建立有利于逐步改变城乡二元经济结构的体制。加大国家对农业的支持保护，增加各级财政对农业和农村的投入……逐步统一城乡劳动力市场，形成城乡劳动者平等就业的制度。在城市有稳定职业和住所的农业人口，可按当地规定在就业地或居住地登记户籍，并依法享有当地居民应有的权利，承担应尽的义务。创造条件逐步实现城乡税制统一。完善农村金融服务体系，国家给予适当的政策支持。有条件的地方探索建立农村最低生活保障制度……积极建立新型农村合作医疗制度[1]。"这是在党的文献中第一次对"统筹城乡发展"的内容进行较为详细的阐述，并且明确指出"统筹城乡发展"的目标是"改变城乡二元经济结构的体制"，由此提出了统筹城乡发展的新课题，形成了"统筹城乡发展论"的新思想[2]。

近十几年来，我国"三农"问题中最突出的是城乡差距不断扩大，尤其是城乡居民收入和基础设施建设方面的差距。2003 年城镇居民人均可支配收入是农民人均纯收入的 3.23 倍，增长率高出 4.7 个百分点。为此，2004 年中央一号文件提出："按照统筹城乡经济社会发展的要求……扩大

〔1〕 中共党史出版社. 关于完善社会主义市场经济体制的三十六个重要问题［M］. 北京：中共党史出版社，2003：2－18.

〔2〕 周建群. 十六大以来党的"三农"思想创新研究［J］. 中共福建省委党校学报，2012，(03)：24－32.

农民就业……力争实现农民收入较快增长，尽快扭转城乡居民收入差距不断扩大的趋势。”这是党的文献中第一次把“统筹城乡发展”与农民增收问题联系在一起进行表述。要根本改变长期形成的二元社会经济结构，就必须尽快建立统筹城乡发展的一系列制度框架，这是“统筹城乡发展论”的题中应有之义。为此，党的十六届四中全会提出：“推动建立统筹城乡发展的有效体制和机制。”2005 年中央一号文件还把“统筹城乡发展论”上升到战略的高度，强调指出：“坚持统筹城乡发展的方略。”

随着“统筹城乡发展论”战略思想的实施，其内涵不断扩大和深化。2006 年中央一号文件、2007 年中央一号文件分别把“推进社会主义新农村建设”“统筹推进现代农业建设”纳入“统筹城乡发展论”的内涵。“统筹城乡发展论”战略思想明确其最终目标是彻底消除二元社会经济结构，构建城乡经济社会发展一体化新格局。2010 年党的十七届五中全会再次指出：“统筹城乡经济社会发展。”“统筹城乡发展论”从一般论断，到战略思想，再到重大战略，其内涵逐渐丰富和深化，政策力度不断加大[1]。

2003 年，党的十六届三中全会通过的《中共中央关于完善社会主义市场经济体制若干问题的决定》提出：“按照统筹城乡发展、统筹区域发展、统筹经济社会发展、统筹人与自然和谐发展、统筹国内发展和对外开放要求……为全面建设小康社会提供有力的体制保障。”其中“统筹城乡发展”内涵丰富，包括社会政策的城乡统筹发展。

党的十六届六中全会通过的《中共中央关于构建社会主义和谐社会若干重大问题的决定》提出了建立“覆盖城乡居民的社会保障体系”的目标：“到二〇二〇年，构建社会主义和谐社会的目标和主要任务是：……城乡、区域发展差距扩大的趋势逐步扭转，合理有序的收入分配格局基本形成……实现全面建设惠及十几亿人口的更高水平的小康社会的目标。”

---

〔1〕 周建群．十六大以来党的“三农”思想创新研究［J］．中共福建省委党校学报，2012，(03)：24－32.

党的十七大报告专门论述了“加快推进以改善民生为重点的社会建设”，指出：“必须在经济发展的基础上，更加注重社会建设，着力保障和改善民生，推进社会体制改革，扩大公共服务，完善社会管理，促进社会公平正义，努力使全体人民学有所教、劳有所得、病有所医、老有所养、住有所居，推动建设和谐社会。”并特别强调要“加快建立覆盖城乡居民的社会保障体系，保障人民的基本生活”。

党的十七届三中全会通过的《中共中央关于推进农村改革发展若干重大问题的决定》指出：“我国总体上已进入以工促农、以城带乡的发展阶段，进入加快改造传统农业、走中国特色农业现代化道路的关键时刻，进入着力破除城乡二元结构、形成城乡经济社会发展一体化新格局的重要时期。”必须统筹城乡经济社会发展，始终把着力构建新型工农、城乡关系作为加快推进现代化的重大战略。统筹工业化、城镇化、农业现代化建设，加快建立健全以工促农、以城带乡的长效机制，调整国民收入分配格局，巩固和完善强农惠农政策，把国家基础设施建设和社会事业发展重点放在农村，推进城乡基本公共服务均等化，实现城乡、区域协调发展。

（2）对乡村发展的作用

为了逐步实现城乡统筹发展，国家采取了一系列的支农惠农优农的措施，推动农村深化改革与发展，让农民得到了更多的实惠，让农村繁荣稳定。

一是持续增加对“三农”的投入——2003—2007年中央财政用于“三农”支出的总量近1.6万亿元，2009年“三农”投入达到7600亿元，其中公共财政投入3900亿元。

二是继续推进农业生产稳步发展。根据国际现代农业发展的一般规律，我国农业生产已经进入粮食补贴阶段，中央和地方各级政府加大了对农民种粮的补助。除粮食补贴外，还开展了良种、能繁母猪等养殖业生产的补贴。

三是抓好农村水、电、路、气、房五项基础设施建设，改善农业的生产条件，改变农村的发展环境，提高农村的生活水平。

四是努力推进以农村新型合作医疗、农村义务教育制度、农村新型社会养老试点为主要内容的农村公共服务领域的改革，进一步加大农村基层的公共服务。

五是探索农村社会管理领域的改革。如农村税费改革、县乡行政管理制度改革、户籍制度改革以及金融服务等公共服务领域的改革。

六是继续推进农村产权制度改革。集体林权制度改革已经在全国普遍推进，此项改革加大了对农村土地管理和使用制度改革的探索，成都、重庆在探索建立城乡统一的建设用地市场方面取得了积极进展。

七是加强对进城务工人员在城镇永久就业、居住、落户和子女教育等制度方面的创新与改革，努力实现城乡统筹发展的重大突破[1]。

经过几年来的艰辛探索、不懈努力，我们已经鲜明确立起统筹城乡发展的基本方略，基本构建起统筹城乡发展的政策体系，初步搭建起统筹城乡发展的制度框架，在统筹城乡发展的道路上迈出了重大而坚实的步伐[2]。

（3）政策执行亟待解决的问题[3]

1）人与土地资源矛盾突出问题

农业资源是农业发展的基础条件，尤其是土地。在十一届全国人大常委会第二十三次会议的正式报告中披露，中国受污染的耕地约有1.5亿亩，占18亿亩耕地的8.3%，污染最严重的耕地主要集中在土壤生产性状好、人口密集的城市周边地带和对土壤环境质量要求更高的蔬菜、水果种植基地。而中国当前（2012年）约有1.2万座尾矿库，其中危、险、病库占12.4%，对周围水和土壤环境安全构成严重威胁。这种状况使土地资源很

〔1〕 李兵弟．城乡统筹规划：制度构建与政策思考［J］．城市规划，2010，34（12）：24－32.

〔2〕 中国城市科学研究会，住房和城乡建设部村镇建设司．中国小城镇和村庄建设发展报告（2008，2009）［R］．北京：中国城市出版社，2010.

〔3〕 陈庆立．推动城乡统筹发展的农业现代化路径研究［J］．城市观察，2014，（01）：160－168.

难向优势农户集中，形成规模经营，从而制约了农业现代化的发展。

2）农业科技进步难以满足农业发展的需要

现阶段，我国自身的农业科技创新领域综合实力比较弱，科研水平也很低，科技的贡献率还不足45%，在相关重要的研究领域，尤其是高新技术的自主创新方面仍然缺少自主核心的技术，产业发展的关键技术成果供给以及重大原始性创新成果供给明显欠缺，大多数农业科技成果的含量都比较低，具有真正推广价值的比较少，低水平重复的成果比较多，具有重大突破性的成果也很少。

3）新型农村合作医疗推进不够深入，治疗大病、罕见病难以保障

政府着力构建覆盖全体农民的新型农村合作医疗，不能忽视少数特殊困难群体住院门槛高的问题，尤其在农村大病、罕见病的救治方面仍存在制度缺陷。在推行新型农村合作医疗，逐步提高医疗费报销标准时，政府应切实降低医院对大病、罕见病救治的门槛，保障患者的健康和就医需求。

3. 第三阶段（2013 年至今）：城乡统筹发展攻坚克难阶段

党的十八大以来，城乡统筹发展被放在更加突出的位置，城乡协调发展的势头进一步向好。2013 年我国城镇化率达到了 53.7%，我国进入城镇化持续发展期，同时也是城市建设矛盾凸显期和城市病集中暴发阶段。中央城镇化工作会议指出“推进城镇化是解决农业、农村、农民问题的重要途径，是推动区域协调发展的有力支撑，是扩大内需和促进产业升级的重要抓手”，重点解决“城怎么建”“地怎么管”“钱从哪来”等问题，实现区域城镇化布局优化、用地效率提升以及多元化资金保障。国家新型城镇化战略着眼于城镇化质量提高和内涵式发展，价值取向是“以人为本”和社会公正，运行机制是将政府的自觉能动性与市场机制有机结合，城乡关系则由“重城轻乡”“城乡分治”转变为城乡协调互补、共生共荣的过程。

虽然 2016 年城乡居民收入比由 2015 年同期的 2.83:1 下降为2.80:1，但教育、医疗、基础设施等方面的城乡差距依旧很大。改革开放以来，我国

城市和农村的经济都得到了巨大的发展，两者的关系得到了很大改善，但是城乡二元体制依然存在，“三农”问题日益突出，这种情况影响了社会主义和谐社会的构建。所以我国当务之急是加大统筹城乡发展力度，逐步消除城乡差距[1]。

(1) 制定的相关政策（表3-3）

表3-3 国家制定的相关政策统计一览表

年份	文件
2013	《中共中央 国务院关于加快发展现代农业进一步增强农村发展活力的若干意见》
2014	《关于全面深化农村改革加快推进农业现代化的若干意见》
2015	《关于加大改革创新力度加快农业现代化建设的若干意见》
2016	《中共中央 国务院关于落实发展新理念加快农业现代化实现全面小康目标的若干意见》
2017	《中共中央 国务院关于深入推进农业供给侧结构性改革加快培育农业农村发展新动能的若干意见》

(2) 对乡村发展的作用

党的十八大和十八届三中全会以来，各地进一步围绕深化改革加快建立更加公平更可持续的社会保障体系目标，加快了医疗保险城乡统筹步伐。截至2015年3月底，全国共有8个省（自治区、直辖市）、39个市及100多个县在其行政区域内推进基本医疗保险制度城乡统筹。但是，在此过程中，由于缺乏全国层面的顶层设计和中央层面的统一安排，已经开展城乡统筹的地区，各地自主推进的制度建设模式，呈现出“纷繁芜杂”的局面，这不仅极大地消耗了行政管理成本，而且加大了后进地方制度整合

[1] 高海燕. 加大我国统筹城乡发展力度的思考［J］. 理论月刊，2017，(12)：143-145.

的难度。一些地区等待观望、争议不断，一些地区跃跃欲试却迟迟裹足不前[1]。

（3）政策执行亟待解决的问题

自改革开放以来，随着改革开放的深入，国家强农惠农政策的落实，农业基础设施、农村社会经济发展环境及农民生活水平都发生了翻天覆地的变化，农村呈现出大发展的崭新局面。但不能否认的是，城乡二元结构仍未能打破，这种长期形成的结构发展模式造成了城乡在公共服务设施的供给上存在很大的差异，进一步导致了农村公共服务设施相对缺乏的局面，同时，这种城乡失衡也影响了我国的城乡二元结构，构成了缩小城乡差距的重要障碍[2]。

1.1.3 城乡一体化政策变迁分析

城乡一体化是我国各级政府和人民都十分关注的问题，它既关系到城市发展问题，又关系到农村发展问题。当前，在我国以习近平同志为核心的党中央高度重视脱贫攻坚问题的背景下，城乡一体化更显得意义重大[3]。本研究对我国自改革开放以来，城乡一体化政策变迁的研究分析，有助于把握我国城乡一体化发展脉络。

1. 第一阶段（1978—2002 年）：城乡一体化理论与实践探索阶段

我国在改革开放后，尤其是在 20 世纪 80 年代末期，由于历史上形成的城乡之间隔离发展，各种经济社会矛盾出现，城乡一体化思想逐渐受到重视[4]。

---

〔1〕 仇雨临，黄国武．从三个公平的视角认识医疗保险城乡统筹［J］．中国卫生政策研究，2013，6（2）：4－7.

〔2〕 李庆梅，朱伟．城乡统筹背景下农村公共服务设施建设［J］．山西建筑，2015，41（01）：235－237.

〔3〕 陈锡文．以新型城镇化与新农村建设双轮推进城乡一体化［J］．求索，2017，（11）：4－10.

〔4〕 景普秋，张复明．城乡一体化研究的进展与动态［J］．城市规划，2003，（06）：30－35.

（1）制定的相关政策（表3－4）

表3－4　国家制定的相关政策统计一览表

年份	文件
1984	《国务院关于农民进入集镇落户问题的通知》
1989	《国务院关于严格控制“农转非”过快增长的通知》

中国最早提出城乡一体化概念的是汪巽人，他认为“同资本主义工业化的伴生现象相反，社会主义国家实现工业化不是出现加剧城乡对立的城市化，而是出现消灭城乡差别的城乡一体化”[1]。

（2）对乡村发展的作用

1）经济体制改革的深入为推进城乡一体化提供了广阔空间

县域经济以民营经济为主，是发展市场经济的客观要求，这项改革自党的十五届四中全会提出实施以来，已经取得明显成效。随着发展领域的放开、投资身份的打破，一些城镇居民陆续下乡开发资源、治山治水，许多农民纷纷进镇造城、务工经商，城乡联动、工农互补的趋势越来越明显。尤其是民营经济的发展，打破了城镇与农村的界限，为各类市场主体投资置业提供了广阔舞台，为城乡经济的交流融合疏通了宽敞渠道。

2）公司制农业的发展为推进城乡一体化提供了对接载体

公司制农业是传统农业向现代农业转变的必然趋势。这种以农业公司为主导，以广大农民为主体，以市场需求为导向，以资本营运为纽带，集产供销、贸工农、农科教一体化的生产组织形式在农村的实践，不仅可以有效地推动农业结构调整，而且有利于加速城乡一体化。一是公司制农业

[1] 汪巽人．论我国的非城市化道路［J］．求索，1983，(05)：18－21.

的发展，使农民认识到不仅可以从事种植业或养殖业，而且可以通过自办或入股农业公司成为企业股东，还可以通过务工或经商而成为农业工人。这就有力地促进了农业劳动力的分工重组。二是通过农业公司这个龙头，将生产、流通和市场紧密衔接为一个整体，引导劳动力、资本、技术等生产要素优化配置，实行区域化布局、专业化生产、规模化经营，加速了产品向城镇销售、产业向城镇集中、农民向城镇转移。三是农业公司的发展离不开城镇这个载体，它的创办和发展必然会扩大城镇规模、增加城镇消费、繁荣城镇经济。可以预见，公司制农业作为现代农业的发展方向，必将加速城乡一体化的进程[1]。

3）“打工经济”的兴起为推进城乡一体化提供了有利条件

人多地少、劳动力过剩，是农村不容回避的现实。据测算，我国农村目前（2004年）进入非农产业和流动就业的农民人口将近2亿，未来20年内每年将有1.2亿至1.8亿剩余劳动力。为缓解就业压力，各地都把“打工经济”作为推动经济发展的一项重大举措来抓，制定有关政策，强化引导服务，组织农村剩余劳力有序向城镇流动。一方面，打工者离开土地进城务工，在获得收入、增长见识的同时，增加了城市容量，扩大了城市规模，促进了城镇经济的繁荣和发展。另一方面，离土人员的增加，必然使守土人员减少，人均拥有资源扩大，劳动生产率提高，从而实现农民增收。无论是离土农民创业，还是守土农民增收，都有利于缩小城乡差距，加速推进城乡一体化进程。

4）实现共同富裕为推进城乡一体化提供了政策保障

缩小贫富差距，实现共同富裕，是社会主义的本质要求，是“三个代表”重要思想的重要内容。当前，农民收入水平与城镇居民相比仍有很大差距。对此，从中央到地方都非常重视，着力从政策等方面重点向贫困地区倾斜，扶持广大农民脱贫致富奔小康。同时，粮棉油等供应市场的放

---

[1] 杨爱琴. 加快推进城乡一体化进程的思考［J］. 山西农经，2004，(04)：55-60.

开、房地市场的培育、劳动力市场的发展，也为农民进城提供了衣食、住房、就业等方面的条件。这些政策措施的实施，将进一步加快农村发展，促进农民进城，加速城乡一体化建设[1]。

（3）政策执行存在的问题

1）土地资源的浪费

据考察，最近几年（20 世纪 90 年代以来）部分地区“摊大饼”式地追求城市外延空间扩张，全盘推行市管县的体制（有的被喻为“小马拉大车”），某些地区在农村超前投资建设档次高、占地多和利用率低的服务设施。这种城乡分工不明和城乡无休止的散乱扩张，以及无视中国人口和资源双重约束的情况，已造成土地资源和资金等方面的巨大浪费。例如：珠江三角洲地区 1993 年包括农村居民点在内的各类城镇居民建设用地为 1724 平方公里，两年后各类建设用地增加到 3380 平方公里；1996 年又扩张到 6000 平方公里，加上各类开发区共达 7000 平方公里。在总面积为 55368.7 平方公里和 2200 万人口的珠江三角洲地区，规划中的城镇面积已达 9500 平方公里，可居住 1 亿以上的城镇居民，这使当地的房地产业，在如火如荼的“城乡一体化”浪潮中陷入了泡沫经济的泥坑。

2）生态环境的破坏

推动“乡村城市化”发展的农村工业，受发展条件的限制，其产业主要集中于造纸、食品、纺织、印染、化工、建材及采矿等，这类企业普遍存在工艺落后、设备陈旧、物耗能耗高的状况，容易造成各种污染，再加上它们与广大农村紧密镶嵌在一起，污染排放的缓冲余地很小，对农业建设和农村生态环境的危害更直接，后果更严重。土法炼硫集中的地区，近年来日趋严重的酸雨已造成大面积的农林经济损失和建筑物侵蚀。煤炭产区的土法炼焦生产企业，以及遍布全国的砖瓦和水泥生产企业，排放大量烟尘、一氧化碳、二氧化硫，已引起严重的大气污染。还有大量的造纸、

[1] 杨爱琴. 加快推进城乡一体化进程的思考［J］. 山西农经，2004，（04）：55 – 60.

棉纺和电镀等企业造成的水污染，其结果是北方昏天黑地，江南水乡无纯净水可喝。例如，有“水袋子”之称的长江中游江汉平原的四湖地区，20世纪60年代以前，这里的农村居民生活饮用水都直接取之于江、河、湖、渠、塘。由于近20年来地表水污染严重，现在居民几乎全部改用地下水。世界银行有关中国环境战略报告，将中国农村工业污染作为仅次于城市水污染和城市大气污染的三大严重环境污染问题之一。概而论之，上述这种以牺牲长远的社会效益和生态环境效益换取短期经济效益为代价，只讲“经济合算”而不计“社会合算”的“乡村城市化”和“城乡一体化”，是一种不可取的“有增长”而“无发展”的模式，与“可持续发展”相悖[1]。

2. 第二阶段（2003—2007年）：城乡一体化实践发展阶段

中共中央对城乡一体化建设非常重视，尤其是党的十六大以来，出台了一批推动城乡一体化建设的政策。党的十六届三中全会将统筹城乡发展作为科学发展“五个统筹”中的第一个“统筹”，确立了农村工作的“多予、少取、放活”的方针。

（1）制定的相关政策（表3-5）

表3-5 国家制定的相关政策统计一览表

年份	文件
2006	《中共中央 国务院关于推进社会主义新农村建设的若干意见》
2007	党的十七大报告对农村政策的阐述

2004年，中央经济工作会议提出了“两个趋向”论断；中央农村工作会议提出了中国已进入“以工促农、以城带乡”的发展阶段。

[1] 杨兵．对中国城乡一体化问题的反思［J］．经济纵横，2002，(06)：8-10.

2007年党的十七大报告中明确提出："建立以工促农、以城带乡长效机制，形成城乡经济发展一体化新格局。"[1] 这是党的文献中首次出现"城乡经济发展一体化新格局"的提法，初步形成了"城乡一体化论"的新思想，是对马克思主义"城乡融合"思想的创新[2]。

（2）对乡村发展的作用

第一，从"多予"方面来看，中央财政在"三农"方面的支出呈快速增长趋势，2003年至2007年，中央财政用于"三农"的支出达到15581亿元，大约是前10年（1993—2002年）中央财政用于"三农"支出的总和。

第二，从"少取"方面来看，国家取消了存在两千多年的农业税，大大减轻了农民的税费负担，我国农村税费改革转入以乡镇机构改革、农村义务教育改革、县乡财政管理体制改革为重点的农村综合改革阶段。

第三，从"放活"方面来看，中央和地方对如何进行城乡一体化建设建立了多个试点，根据不同地区的发展状况成立了不同的统筹城乡发展试验区。解放思想、因地制宜地开展城乡一体化建设，积累了不少发展经验，为向全国进行推广打下了坚实的基础[3]。

（3）政策执行存在的问题

1）工业向园区集中的难度大

由于农村的工业经历了"乡乡办厂、村村冒烟"的粗放型发展阶段，有些地区各种产业的空间布局不尽合理，各个园区的发展不平衡，在推进城乡一体化建设时存在利益格局的调整和税收的问题，因此，推进工业向园区集中存在一定的阻力和成本增加问题。

---

〔1〕 十七大报告辅导读本［M］. 北京：人民出版社，2007：22－23.

〔2〕 周建群. 十六大以来党的"三农"思想创新研究［J］. 中共福建省委党校学报，2012，(03)：24－32.

〔3〕 郑风田，吴磊. 我国城乡一体化建设的政策演进与措施匹配［J］. 重庆社会科学，2013，(01)：5－11.

2）环境保护的压力大

各地都意识到城乡一体化不能以破坏环境为代价，而且把加强农村基础设施的生态环境建设作为推进城乡一体化的重点来抓，但是这需要大量的投入。

3）城乡统一的文化生活难以形成

一些地方集中建设居民小区，将失地农民集中居住，改善了农民的生产生活条件。但是，由于农民长期习惯于分散居住、从事农业生产，突然间变为城市居民、集中居住，在生活方式上还不适应。如何加强社会管理，使其适应城市生活方式，还没有找到有效的办法。

4）保障失地农民权益的难度大

目前，征用农民土地的通行做法是，由国家先征用，再出让。这种做法并不能确保农民合理分享工业化和城镇化发展利益，对此农民反应很强烈。被征地农民还没有完全享受到城镇低保、养老、医疗待遇。一些地方由于缺乏系统的产业发展基础，农民的就业矛盾无从解决，原来的分散失业变成集中失业。

5）社会保障体系与城市接轨难度大

尽管政府提出建立城乡统一的社会保障体系，但是，要扩大这种社会保障体系的覆盖范围，保证补贴资金的稳定投入，客观地说，还有一定的难度，要完全与城市的社会保障体系接轨，尚需时日[1]。

3. 第三阶段（2008年至今）：城乡一体化实现阶段

中国共产党第十七次全国代表大会提出了“城乡一体化”发展的新思路，为我国经济社会又好又快科学地发展指明了新的方向[2]。

---

[1] 龙文军．城乡一体化的国内实践和经验［J］．调研世界，2006，（10）：46－48.

[2] 尹焕三．“城乡一体化”发展的政策取向与路径选择［J］．东方论坛，2010，（03）：106－111.

（1）制定的相关政策（表3－6）

表3－6　国家制定的相关政策统计一览表

年份	文件
2008	《中共中央 国务院关于切实加强农业基础设施建设进一步促进农业发展农民增收的若干意见》
2008	《中共中央关于推进农村改革发展若干重大问题的决定》

2008年10月，党的十七届三中全会提出了破除城乡二元结构、促进城乡发展一体化目标。

2008年中央一号文件指出："按照形成城乡经济社会发展一体化新格局的要求……探索建立促进城乡一体化发展的体制机制。"城乡一体化新格局"新"在什么地方？党的十七届三中全会对"城乡一体化论"的内涵进行了深入的阐述："到二〇二〇年城乡基本公共服务均等化明显推进。尽快在城乡规划、产业布局、基础设施建设和公共服务劳动就业社会管理一体化等方面取得突破，促进公共资源在城乡之间均衡配置，生产要素在城乡之间自由流动，推动城乡经济社会发展融合……逐步建立城乡统一的公共服务制度；加快建立城乡统一的人力资源市场。"[1]

为了实现"城乡一体化论"提出的目标，我国必须进行一系列的制度创新，并采取相应的政策措施。为此，2010年中央一号文件明确指出："努力形成城乡经济社会发展一体化新格局……推进城镇化发展的制度创新，深化户籍制度改革……促进符合条件的农业转移人口在城镇落户并享有与当地城镇居民同等的权益。多渠道多形式改善农民工居住条件……农民工逐步纳入城镇住房保障体系。"2010年党的十七届五中全会继续指出：

[1] 本书编写组．《中共中央关于推进农村改革发展若干重大问题的决定》辅导读本［M］．北京：人民出版社，2008：14.

“按照推进城乡经济社会发展一体化的要求，搞好社会主义新农村建设规划，加快改善农村生产生活条件。”2011年中央一号文件再次指出：“强化城乡水资源统一管理……发展城乡一体化供水。”可见“城乡一体化论”的内涵不断丰富和深化，制度不断创新，政策力度不断加大[1]。

党的十七大报告首次提出“城乡经济社会发展一体化”理念，“要加强农业基础地位，走中国特色农业现代化道路，建立以工促农、以城带乡长效机制，形成城乡经济社会发展一体化新格局。”在描述全面小康社会新要求时，提出了“覆盖全社会的公共文化服务体系基本建立”“覆盖城乡居民的社会保障体系基本建立”“人人享有基本生活保障”“人人享有基本医疗卫生服务”[2] 等公平正义的新目标。

党的十七届三中全会形成了“城乡一体化”发展体系理论：“我国总体上已进入以工促农、以城带乡的发展阶段，进入加快改造传统农业、走中国特色农业现代化道路的关键时刻，进入着力破除城乡二元结构、形成城乡经济社会发展一体化新格局的重要时期”[3]。要“建立促进城乡经济社会发展一体化制度”，要求“尽快在城乡规划、产业布局、基础设施建设、公共服务一体化等方面取得突破，促进公共资源在城乡之间均衡配置、生产要素在城乡之间自由流动，推进城乡经济社会发展融合”[4]。

2009年中央经济工作会议和中央农村工作会议提出，要把解决符合条件的农业转移人口逐步在城镇就业落户作为推进城镇化的重要任务，放宽中小城市和小城镇户籍限制，吸纳有条件的进城务工人员特别是新生代进城务工人员转为城镇居民，并享有与当地城镇居民同等的权益。这是破除

---

〔1〕 周建群. 十六大以来党的“三农”思想创新研究［J］. 中共福建省委党校学报，2012，(03)：24－32.

〔2〕 胡锦涛. 高举中国特色社会主义伟大旗帜　为夺取全面建设小康社会新胜利而奋斗：在中国共产党第十七次全国代表大会上的讲话［M］. 北京：人民出版社，2007.

〔3〕 中国共产党第十七届中央委员会第三次全体会议公报［N］. 人民日报，2008－10－12.

〔4〕 本书编写组.《中共中央关于推进农村改革发展若干重大问题的决定》辅导读本［M］. 北京：人民出版社，2008.

城乡二元结构体制的重点任务和关键环节。

上述情况表明，中央破除城乡二元结构体制的力度不断加大，战略目标、重点任务和关键环节日益明确，政策措施逐步健全完善。我们应该看到，随着经济社会发展和农村改革不断深化，我国加快现代农业和社会主义新农村建设需要解决的深层次矛盾越来越集中到城乡二元结构体制上。当前，中国具备了形成城乡经济社会发展一体化新格局的条件和机遇。因此，要抓住国家实力财力增强、经济社会发展加快的机遇，适应农村未来改革发展的需要，采取综合有力措施，加大破除城乡二元结构体制力度，促进城乡统筹发展，努力形成城乡经济发展一体化新格局[1]。

（2）对乡村发展的作用

1）城乡收入差距进入持续缩小时期

目前，中国城乡居民收入差距仍然处于高位，远高于改革开放以来1983年的最低水平，更远高于各发达国家的水平。即使按人均可支配收入计算，2014年，全国城乡居民收入比也达到2.75。然而，可以肯定的是，随着中国经济进入新常态，近年来这种城乡收入差距缩小的情况将成为一种长期的稳定趋势，而并非像前两次那样只是一种短期波动。可以说，目前中国已经越过城乡收入差距倒U形变化的拐点，进入城乡收入差距持续缩小的时期。显然，这种转变是与中国经济发展的阶段性特征紧密联系在一起的。

首先，随着工业化进入后期阶段，以城市为导向的工业对经济增长的驱动力已经趋于下降，而小城镇和农村地区日益显现的巨大潜力，为新常态下经济的持续中高速增长开辟了新的空间。

其次，目前中国城镇常住人口规模已经超过农村，近年来大规模农业转移人口向城市迁移，既为农业适度规模经营创造了有利条件，也成为促进农民增收的重要途径。

---

〔1〕 尹成杰. 加快推进中国特色城乡一体化发展［J］. 农业经济问题，2010，31（10）：4－8.

最后，随着发展水平的提高和经济实力的增强，政府有能力将更多的公共资源投向“三农”领域，促进农业增效、农民增收和农村繁荣。在新常态发展阶段，城乡收入差距的持续缩小已经成为确保经济长期中高速增长的重要前提条件[1]。

2）要素从单向流动转向双向流动

城乡关系从二元分割转向一体化，是经济社会发展的必然结果。在城乡一体化格局下，城乡发展需要遵循平等、开放、融合、共享的理念，实现城乡要素自由流动、平等交换和均衡配置。长期以来，受传统城乡二元体制和城市偏向政策的影响，中国城乡要素流动是单向的，即农村人口、资源和资金等要素不断向城市集聚，而城市人口被禁止向农村迁移，城市公共资源向农村延伸、城市人才和资本向农村流动也处于较低水平。近年来，在各地推进城乡一体化建设的实践中，城市公共资源和公共服务向农村延伸的步伐明显加快，人才、资本和技术下乡也取得了较大进展。特别是在北京等发达城市，资本下乡、技术下乡和人才下乡均已达到一定水平，正处于双向城乡一体化初期阶段[2]。北京等地的经验预示着中国未来城乡一体化的方向。2014 年，中国人均 GDP 达到 7500 美元左右，城镇化率超过 50%，其中，天津、北京、上海市人均地区生产总值（GRP）超过 1.5 万美元，城镇化率超过 80%；江苏、浙江、辽宁、福建、广东省人均 GRP 超过 1 万美元，城镇化率超过 60%。这表明，当前中国尤其是沿海发达地区已经具备推动双向城乡一体化的条件，城乡要素双向流动将成为中国城乡一体化发展的新常态。

---

〔1〕 魏后凯. 新常态下中国城乡一体化格局及推进战略［J］. 中国农村经济，2016，（01）：2－16.

〔2〕 罗来军，罗雨泽，罗涛. 中国双向城乡一体化验证性研究：基于北京市怀柔区的调查数据［J］. 管理世界，2014，（11）：60－69＋79.

3）政策从城市偏向转向农村偏向

从工业化战略看，随着工业化水平的提高，各国政策大都经历了从“农业支持工业、农村服务城市”的城市偏向到“工业反哺农业、城市支持农村”的农村偏向的转变。从代表性国家或地区的经验看，如果采用名义支持率（NRA）和相对支持率（RRA）两个指标，实现这种政策转变的时点分别约在人均GDP为1850美元和1958美元时[1]。各国把社会养老保险制度从城市向农村延伸，大都是在工业化中期阶段向成熟阶段过渡的时期[2]。2004年，中国人均GDP接近1500美元，当时中央就提出中国已经进入“以工补农、以城带乡”的发展阶段，并逐年加大了对“三农”的支持力度。自此以后，中央连续发布13个“一号文件”聚焦“三农”，强调“三农”问题的重要地位[3]。

（3）政策执行存在的问题[4]

1）发展不平衡是城乡发展一体化中的主要问题

尽管中国城乡发展一体化的各地区间差距不断缩小，但差距仍然巨大。2014年，城乡发展一体化实现程度排名前五位的上海、浙江、江苏、北京和天津的平均水平是排名后五位的贵州、青海、云南、甘肃和宁夏的平均水平的至少10倍。城乡发展一体化四个方面（经济发展一体化、社会发展一体化、生活发展一体化、生态环境一体化）中，经济发展一体化实现程度的地区差距尤为明显。

---

[1] 李明，邵挺，刘守英．城乡一体化的国际经验及其对中国的启示［J］．中国农村经济，2014，(06)：83－96.

[2] 杨翠迎，庹国柱．建立农民社会养老年金保险计划的经济社会条件的实证分析[J]．中国农村观察，1997，(05)：55－59.

[3] 魏后凯．新常态下中国城乡一体化格局及推进战略［J］．中国农村经济，2016，(01)：2－16.

[4] 张海鹏，朱钢．中国城乡发展一体化实现程度、存在问题及政策启示：以2020年全面建成小康社会为目标［J］．开发研究，2017，(02)：10－16.

2）城乡二元经济结构问题十分突出，而且扭转速度缓慢

近年来，中国城乡二元经济结构问题虽然有所改善，但城乡经济结构与经济增长匹配程度较低，经济快速增长的同时，现代农业发展水平不高。截至2015年，中国农业科技进步贡献率虽然已经达到了55%以上，但仍远低于发达国家70%～80%的水平，导致农业比较劳动生产率远低于非农产业比较劳动生产率。2014年，中国城乡二元对比系数约为0.22，从国际经验来看，发达国家一般为0.5～0.8，发展中国家一般也能达到0.3～0.4的水平，这充分表明中国城乡二元经济结构问题十分突出。更为严峻的是，中国城乡二元经济结构问题扭转并不理想，大部分地区城乡二元经济结构问题还呈现恶化趋势。2010—2014年，18个省份二元对比系数出现恶化，甚至包括经济发达的北京、上海、浙江、江苏、山东和广东，由此阻碍了这些地区城乡发展一体化进程。

3）城乡要素配置短板效应明显，特别是信贷资金配置和土地配置严重不合理

根据测算，2014年中国城乡要素配置实现程度为43.22%，距离实现目标还有一半以上的路程，低于经济发展一体化实现程度。城乡要素配置不仅实现程度低，而且进展较为缓慢，因此成为制约、延缓经济发展一体化实现程度提高的重要因素。城乡要素配置的问题主要是信贷资金配置和土地配置不合理。一方面，中国城乡金融市场存在严重的藩篱，资金缺乏有效的双向流动。特别是商业化改革以来，随着国有银行城乡金融规模不断扩大，城乡金融机构分布更加失衡，现存农村金融机构有效供给不足，农村资金外流严重，对城乡发展一体化造成了负面影响。2004年以来，虽然城乡金融机构非均衡状况有了一定程度的改善，但是城乡信贷资金配置不合理现象仍然严重。另一方面，中国土地市场一体化进程更为缓慢，城乡二元土地市场刺激城市快速蔓延扩张，土地城镇化速度显著快于人口城镇化速度。根据统计，2009—2014年，中国城镇建成区面积增加了20.95%，而同期城镇人口只增加了13.47%。事实上，中国耕地的产出效

率高于世界上绝大多数主要粮食生产国，而非农用地的产出效率则远低于国际先进水平。从这个意义上讲，城乡土地配置不合理的问题更加尖锐。

4）推进城乡基本公共服务均等化任务仍然艰巨

近年来，中国城乡基本公共服务均等化取得了显著成效，城乡居民在医疗保障、义务教育以及基本养老保险方面均实现了制度全覆盖。但是，城乡基本公共服务标准差距依然较大。以城乡义务教育为例，虽然中央和地方政府对农村教育的重视程度和投资力度都在不断提高，使农村居民受教育年限稳步提高，但是城乡教育差距并没有呈现明显改善的趋势。截至2014年，中国农村、城市人口平均受教育年限比约为0.76，而且存在较大的区域差距。更为严重的是，中国的农村、城市人口平均受教育年限比还呈现降低的趋势。从人口受教育年限的角度看，城乡教育差距扩大可能与受教育程度较高的农村青壮年劳动力大量进入城市务工有关，但是，依然偏向于城市的教育体制和投资倾向也是不可忽视的因素。再以城乡卫生技术人员配备为例，2010年农村每千人卫生技术人员为3人，2014年已经上升为3.8人，配备数量呈明显增加趋势，可是城乡卫生技术人员比也同时提高，从2010年的2.53变为2014年的2.55，这表明同期城市每千人卫生技术人员数量增长更快，偏向城市的医疗卫生投资和政策还在强化。以上还仅仅是从基本公共服务数量的角度进行城乡比较，如果进一步考虑质量差异，城乡基本公共服务的差距将成倍增加。

5）新农村建设提升空间巨大

虽然中国的新农村建设取得了巨大的成就，但按照城乡发展一体化的要求，其中依然存在诸多薄弱环节。以农村生活垃圾和生活废水处理为例，2014年，中国城市生活垃圾无害化处理率已达91.80%，同期对生活垃圾进行处理的行政村比例仅为48.2%，而且区域差距巨大，东部地区对生活垃圾进行处理的行政村比例已达71.86%，东北地区仅为22.03%。对生活污水进行处理的行政村比例更低，2014年全国平均仅为10%。再如，中国部分地区农村人居环境，特别是无害化卫生厕所普及率亟待提高。截至2014年，吉林、黑龙江和青海无害化卫生厕所普及率还不到17%。

1.2　我国实施城镇化发展政策变迁分析

党的十六大以来，中央出台了多项促进城乡一体化建设的利好政策。虽然我国城乡差距在逐渐缩小，但城乡一体化建设任重而道远，面对新时期遇到的新问题，各地方需要更多的政策指导和实践经验。

1.2.1　党的十八大以来实现城乡一体化发展的宏观背景

缩小城乡差距，有利于推动城乡发展一体化。主要表现在以下几个方面：第一，城乡差距过大，将会导致人口过分的不合理流动，造成城市资源的过度利用，对城市发展造成一定的障碍；第二，城乡差距过大，导致农村“空心化”问题加重；第三，城乡差距过大，农民“相对剥夺感”显现，影响社会稳定；第四，城乡差距过大，不利于扩大内需，难以真正实现经济可持续发展；第五，城乡差距过大，不利于农民安心从事粮食生产和农产品供给，难以实现稳定物价和抑制通货膨胀的目标。

1.2.2　党的十八大以来城乡一体化政策演进

党的十八大报告指出“城乡一体化是解决‘三农’问题的根本途径。要加大统筹城乡发展力度……促进城乡共同繁荣”。自党的十八大以来，习近平总书记关于农村工作的思想有了进一步的发展和深化，“绿水青山就是金山银山”指出了农村地区生态的独特价值。

党的十八届三中全会审议通过了与统筹发展相关的决定，习近平总书记对新时期统筹城乡发展的重要意义和完善城市和农村统一化的体制机制的改革方案作了详细说明。2016年，“城乡统筹发展”问题成为两会热点。目前，城乡发展失衡是影响我国发展与进步的主要障碍之一，相关问题已经引起党和政府的高度重视，加大了城乡统筹发展的力度[1]。

乡村本来应该是能够产生乡愁的地方，但不少地方的农村给人的感受

[1] 高海燕．加大我国统筹城乡发展力度的思考［J］．理论月刊，2017，(12)：143－145.

却是缺少活力与生机。从新农村建设实施开始，国家已经连续十多年对农村进行大量的投入，但有起色的乡村数量比较有限。过去实行城乡一体化战略，本意是希望以城带乡，但我国城市具有强大的吸引力，基本上把农村的人、财、物都吸引到城里去了，而乡村的吸引力远远不够，加上制度因素，造成了城乡发展的不平衡[1]。

1.3 乡村振兴战略内容分析研究

党的十九大报告首次提出“乡村振兴战略”，并将它列为决胜全面建成小康社会需要坚定实施的七大战略之一，到 2018 年政府工作报告写道“大力实施乡村振兴战略。科学制定规划，健全城乡融合发展体制机制，依靠改革创新壮大乡村发展新动能”，可见，实施乡村振兴战略，促进农村全面发展和繁荣，将是今后一个时期我国经济和社会发展的一项重要工作。2018 年 3 月 8 日，习近平参加山东代表团审议，对于乡村振兴战略，习近平进行了深入且全面的阐述。他提出“六个推动”，涉及产业振兴、人才振兴、文化振兴、生态振兴和组织振兴，最后一个“推动”则明确了振兴的路径，那就是规划先行、精准施策、分类推进。

乡村振兴战略是党的十九大提出的重大思想、重大目标和重大战略安排，将极大地改变未来中国的面貌。实施乡村振兴战略就是改变中国面貌的一项重大战略，它和脱贫攻坚一样，有力有效补齐实现“两个一百年”奋斗目标、迈向社会主义现代化强国的短板，从而使中国以一个崭新的面貌和形象，屹立在世界的东方。

乡村振兴战略，与以往所有有关“三农”问题重大举措相比，不仅立足解决农业农村农民现实问题，解决城乡发展不平衡问题，更是着眼于长远，着眼于全面建成小康社会以及此后的基本实现社会主义现代化、建成富强民主文明和谐美丽的社会主义现代化强国。这一战略的着眼点和落脚

[1] 郑丰田．城乡融合与过去的城乡统筹和城乡一体化有质的区别：利用“城乡融合”新途径实现乡村振兴［N］．北京日报，2017－11－20（14）．

点，绝不仅仅是乡村内部和乡村自身，而是关涉中国现代化的全局，关涉现代化强国的战略，关涉中华民族伟大复兴的长远，因而更具有全局性、战略性和长远性[1]。

1.3.1　推动乡村产业兴旺

推动乡村产业兴旺，是乡村振兴的关键和基础。较之以往“新农村”建设的“生产发展”要求，“产业兴旺”是一种更加多元化的业态要求。生产一般是指提供产品的活动。我们曾经把农村中的生产主要局限于农业生产，又把农业生产主要局限于种植业，甚至简单化为“粮、棉、油料”等作物的种植。这是造成农村经济长期单一、萧条，农民经济收入低下的重要原因。所以，习近平总书记提出，紧紧围绕发展现代农业，围绕农村一二三产业融合发展，构建乡村产业体系，实现产业兴旺，把产业发展落到促进农民增收上来，全力以赴消除农村贫困，推动乡村生活富裕。要发展现代农业，确保国家粮食安全，调整优化农业结构，加快构建现代农业产业体系、生产体系、经营体系，推进农业由增产导向转向提质导向，提高农业创新力、竞争力、全要素生产率，提高农业质量、效益、整体素质。

1.3.2　推动乡村人才振兴

国家应把人力资本开放放在首要位置，强化乡村振兴人才支撑，加快培育新型农业经营主体，让愿意留在乡村、建设家乡的人留的安心，让愿意上山下乡、回报乡村的人更有信心，激励各类人才在农村广阔天地大施所能、大展才华、大显身手，打造一支强大的乡村振兴人才队伍，在乡村形成人才、土地、资金、产业汇聚的良性循环。

1.3.3　推动乡风文明

乡风是乡村文明状况的直接表现。中国历来有“礼失求诸野”的说法。但是，由于长期以来社会发展不平衡和不良社会风气的影响，部分乡

[1] 许宝健. 改变中国面貌的重大社会变革［N］. 学习时报，2018-3-16（001）.

村淳朴的乡风日渐式微，某些陈腐陋习沉渣泛起。一个时期内，乡村基础选举中贿选成风，乡村治理出现黑劣化倾向，日常生活中的“黄赌毒”，家庭传统伦理与社会互助精神的缺失等，都消极地影响了原本淳朴的乡风民情。“乡村文明”，就是要加强乡村优秀文化的涵养和培育，弘扬传统文化中的优秀文化因素，消除历史遗留下来的陈规陋习，依法取缔危害乡里的犯罪行为，大力倡导健康文明的乡村生活方式，厚植滋养乡村优秀文化的基础，搭建培育“乡风文明”的教育平台。时下，需要正视部分乡村社会组织化程度严重下降而导致的乡村社会碎片化的现实，在推进“产业兴旺”的过程中，努力构建起有利于培植民众合作互助精神的经济基础[1]。国家应加强农村思想道德建设和公共文化建设，以社会主义核心价值观为引领，深入挖掘优秀传统农耕文化蕴含的思想观念、人文精神、道德规范，培育挖掘乡土文化人才，弘扬主旋律和社会正气，培育文明乡风、良好家风、淳朴民风，改善农民精神面貌，提高乡村社会文明程度，焕发乡村文明新气象。

1.3.4 推动乡村生态宜居

推动乡村生态宜居，是乡村独特价值之关键所在。在开展“新农村建设”时，曾经有过“村容整洁”的要求。但受制于“以城带乡”“城乡一体化”的思维，“村容整洁”在很多地方变成向城镇看齐，导致乡村失去了应有的风貌而与城镇趋于同质化。“乡村振兴战略”基于乡村是有别于城镇的独特文化单元的理念，强调生态宜居。在党的十九大上习近平总书记指出：坚持绿色发展，加强农村突出环境问题综合治理，扎实实施农村人居环境整治三年行动计划，推进农村“厕所革命”，完善农村生活设施，打造农民安居乐业的美丽家园，让良好生态成为乡村振兴的支撑点。因此，乡村振兴的重要任务就是要在“宜居”的价值导向下，努力护养乡村

---

〔1〕 徐俊忠．十九大提出“乡村振兴战略”的深远意义［J］．经济导刊，2017，（12）：10－15.

自然意义上的生态和人文历史意义上的生态，告别乡村建设千村一面、城乡同质化的状态，使乡村呈现出“各美其美，美美与共”的风貌。

1.3.5　推动乡村组织振兴

中央应打造千千万万个坚强的农村基层党组织，培养千千万万名优秀的农村基层党组织书记，深化村民自治实践，发展农民合作经济组织，建立健全党委领导、政府负责、社会协同、公众参与、法治保障的现代乡村社会治理体制，确保乡村社会充满活力、安定有序。

1.3.6　推动乡村振兴健康有序进行

政府规划先行、精准扶贫、分类推进，科学把握各地差异和特点，注重地域特色、体现乡村风情，特别要保护好传统村落、民族村寨、传统建筑，不搞一刀切，不搞统一模式，不搞层层加码，杜绝“形象工程”[1]。

可见，“乡村振兴战略”的基本依据是国家对于乡村独特价值的理解和乡村作为相对独立发展单元的判断。

---

〔1〕 建设田园乡村．总书记指示山东乡村振兴战略怎么做！建设美丽田园乡村［EB/OL］．(2018－03－15)．http://mp.weixin.qq.com/s/JOGyvg1SzA8wz6luiEzNxg.

第4章 特色小镇及体育特色小镇概念简析

在追溯体育特色小镇概念之前，本研究应厘清特色小镇的概念，为准确把握体育特色小镇的概念提供可能。

1.1 特色小镇范畴体系

特色小镇是培育产业发展的重要战略平台，是浙江省为适应经济新常态的重要举措。

1.1.1 特色小镇概念

“特色小镇”并不是浙江省首创，2016 年 7 月，住房和城乡建设部、国家发展和改革委员会、财政部联合下发《关于开展特色小镇培育工作的通知》[1] 的文件，对浙江省特色小镇创建工作给予肯定。2016 年以后，全国各地也都陆续出台关于鼓励创建特色小镇相关政策。综合来看，这些特色小镇的概念是从小城镇发展战略层面衍生而来的[2]。

关于“特色小镇”的含义，浙江省原省长李强认为：特色小镇在规划范围上，并不是在原有规划范围上提出的，特色小镇更为强调的是产业特色，是依靠产业发展形成的、具有高度集聚效应而形成的一片区域[3]。翁

〔1〕 住房和城乡建设部，国家发展和改革委员会，财政部．住房城乡建设部 国家发展改革委 财政部关于开展特色小镇培育工作的通知 ［EB/OL］．(2016 - 7 - 1). http://www.mohurd.gov.cn/wjfb/201607/t20160720_228237.html.

〔2〕 宋为，陈安华．浅析浙江省特色小镇支撑体系 ［J］．小城镇建设，2016，（03）：38 - 41.

〔3〕 李强．特色小镇是浙江创新发展的战略选择 ［J］．中国经贸导刊，2016，（04）：10 - 13.

建荣在此基础上，就“特色小镇是什么”进行有针对性的阐释，并认为特色小镇是集聚创新创业的平台[1]。

对特色小镇的理解，学者们普遍认同的观点是：“特色小镇”的发展重点应是产业特色。“特色小镇”不是简单的在原有区域规划范围内的区域，而是依靠自身生态、文化、旅游等优势资源，通过集聚融合发展起来的一片特定区域。

1.1.2 浙江省特色小镇相关政策及创建名单

浙江省人民政府在形成特色小镇创建机制之后，在2015年6月和2016年1月，分别公布了第一批[2]和第二批[3]浙江省省级特色小镇创建名单（表4－1，表4－2）。2016年5月26日，省级特色小镇规划建设工作联席会议主任办公会议讨论研究，其中10个特色小镇被确定为省级示范特色小镇[4]（表4－3）。

表4－1 第一批浙江省省级特色小镇创建名单

创建市及个数	第一批特色小镇创建名单
杭州市（9个）	上城玉皇山南基金小镇、江干丁兰智慧小镇、西湖云栖小镇、西湖龙坞茶镇、余杭梦想小镇、余杭艺尚小镇、富阳硅谷小镇、桐庐健康小镇、临安云制造小镇
宁波市（3个）	江北动力小镇、梅山海洋金融小镇、奉化滨海养生小镇
温州市（2个）	瓯海时尚智造小镇、苍南台商小镇

〔1〕 翁建荣．下功夫推进特色小镇建设［J］．中国经贸导刊，2016，(13)，26－27.

〔2〕 浙江省首批37个特色小镇创建名单出炉［EB/OL］．(2016－6－5). http://zjds. zjol. com. cn/system/2015/06/05/020684534. shtml.

〔3〕 浙江省人民政府．政策丨关于公布省级特色小镇第二批创建名单和培育名单的通知［EB/OL］．(2016－10－10). http://tsxz. zjol. com. cn/system/2016/10/10/021326098. shtml.

〔4〕 刘乐平．10个特色小镇当选省级“模范生”［N］．浙江日报，2016－5－29（2）．

续表

创建市及个数	第一批特色小镇创建名单
湖州市（3 个）	湖州丝绸小镇、南浔善琏湖笔小镇、德清地理信息小镇
嘉兴市（5 个）	南湖基金小镇、嘉善巧克力甜蜜小镇、海盐核电小镇、海宁皮革时尚小镇、桐乡毛衫时尚小镇
绍兴市（2 个）	越城黄酒小镇、诸暨袜艺小镇
金华市（3 个）	义乌丝路金融小镇、武义温泉小镇、磐安江南药镇
衢州市（3 个）	龙游红木小镇、常山赏石小镇、开化根缘小镇
台州市（3 个）	黄岩智能模具小镇、路桥沃尔沃小镇、仙居神仙氧吧小镇
丽水市（4 个）	莲都古堰画乡小镇、龙泉青瓷小镇、青田石雕小镇、景宁畲乡小镇

表 4－2　第二批浙江省省级特色小镇创建名单

创建市及个数	第二批特色小镇创建名单
杭州市（9 个）	下城跨贸小镇、拱墅运河财富小镇、滨江物联网小镇、萧山信息港小镇、余杭梦栖小镇、桐庐智慧安防小镇、建德航空小镇、富阳药谷小镇、天子岭静脉小镇
宁波市（4 个）	鄞州四明金融小镇、余姚模客小镇、宁海智能汽车小镇、杭州湾新区滨海欢乐假期小镇
温州市（3 个）	瓯海生命健康小镇、文成森林氧吧小镇、平阳宠物小镇
湖州市（3 个）	吴兴美妆小镇、长兴新能源小镇、安吉天使小镇
嘉兴市（4 个）	秀洲光伏小镇、平湖九龙山航空运动小镇、桐乡乌镇互联网小镇、嘉兴马家浜健康食品小镇
绍兴市（3 个）	柯桥酷玩小镇、上虞 e 游小镇、新昌智能装备小镇
金华市（3 个）	东阳木雕小镇、永康赫灵方岩小镇、金华新能源汽车小镇
衢州市（2 个）	江山光谷小镇、衢州循环经济小镇

续表

创建市及个数	第二批特色小镇创建名单
舟山市（3个）	定海远洋渔业小镇、普陀沈家门渔港小镇、朱家尖禅意小镇
台州市（2个）	温岭泵业智造小镇、天台天台山和合小镇
丽水市（4个）	龙泉宝剑小镇、庆元香菇小镇、缙云机床小镇、松阳茶香小镇
省农发集团和上虞区（1个）	杭州湾花田小镇
中国美院、浙江音乐学院和西湖区（1个）	西湖艺创小镇

表4－3　浙江省省级示范特色小镇名单

创建市及个数	省级示范特色小镇名单
杭州市（3个）	上城玉皇山南基金小镇、西湖云栖小镇、余杭梦想小镇
宁波市（1个）	宁海智能汽车小镇
湖州市（1个）	吴兴美妆小镇
嘉兴市（2个）	秀洲光伏小镇、嘉善巧克力甜蜜小镇
绍兴市（1个）	诸暨袜艺小镇
衢州市（1个）	龙游红木小镇
丽水市（1个）	龙泉青瓷小镇

1.1.3　首批浙江省运动休闲小镇考察对象及确定名单

为加快“健康浙江”和体育现代化建设，2017年8月，浙江省体育局部署开展运动休闲小镇认定工作。经过由各个地方自愿申报、市级审查、省级专家评审，浙江省体育局出台了《浙江省体育局关于开展省级运动休闲小镇认定工作的通知》，该文件中确定了浙江省首批有7个小镇进入实地考察环节（表4－4）。2018年3月26日，浙江省体育局出台了《浙江省体育局关于公布首批省级运动休闲小镇培育名单的通知》，详见表4－5。

表4－4　首批浙江省运动休闲小镇考察对象信息一览表

考察组别	考察时间	创建市及个数	考察名单
第一组	2018.2.24—2018.3.2	杭州（2个）	戴村郊野运动小镇
			瑶琳山地极限运动小镇
		湖州（1个）	莫干山裸心体育小镇
第二组		衢州市（1个）	石门江郎山极限越野运动休闲小镇
		宁波市（1个）	胡陈户外运动小镇
		温州市（2个）	铜岭户外运动小镇
			百丈时尚体育小镇

表4－5　首批浙江省运动休闲小镇培育名单一览表

创建市及个数	培育名单
杭州（2个）	戴村郊野运动小镇
	瑶琳山地拓展运动小镇
湖州（1个）	莫干山漫体育小镇
衢州市（1个）	石门极限运动小镇
宁波市（1个）	胡陈乡野户外小镇
温州市（2个）	铜岭山冰雪运动小镇
	百丈时尚体育小镇

1.2　体育特色小镇理论分析

浙江省在发展体育特色小镇方面做得比较好，在全国具有一定的示范作用。

1.2.1　体育特色小镇概念

“体育特色小镇”在全国各省市也并不鲜见，如安徽大圩利用现有的生态资源、节庆活动和体育文化资源打造安徽省首个体育特色小镇示范点；大连以冰雪运动为主打，形成全国首个冠军创业孵化产业基地等。而浙江省体育特色小镇建设是由特色小镇发展而来，目前在浙江省已经公布的两批共计79个省级特色小镇创建对象中，以体育产业为主体的特色小镇就有5个，越来越多的地方表达了孵化新体育特色小镇的愿景[1]。

国内学者对体育特色小镇的研究，一致认为是由“特色小镇”发展而来，是与以往形成的市，各种区、镇不同，强调以体育产业为特色发展所形成的区域。

通过以上的研究，笔者将体育特色小镇定义为：体育特色小镇是以发展体育产业为特色，融合旅游、文化等相关产业，以促进城乡统筹发展为目的而形成的特定区域。体育特色小镇是由特色小镇发展而来，在区域划分上，主要根据体育产业发展而独立形成区域。在发展中，将有效依托较高的旅游资源和文化资源进行高度融合，形成具有集聚辐射效能的休闲娱乐区域。

1.2.2　浙江省创建体育特色小镇的要求及认定标准

（1）浙江省对创建体育特色小镇的要求

①有良好的生态环境和运动休闲资源禀赋，具备开展运动休闲活动的基础条件。

②有主题明确的运动休闲项目，具备开展特色项目及衍生项目活动的场地设施。

③有核心运动休闲项目业态，在全省有一定知名度和集聚度。

④有核心运动休闲项目赛事活动，影响力较大、组织较为规范。

---

[1] 浙江省体育局．浙江省各地积极布局体育特色小镇［EB/OL］．(2016－6－7)．http://zj.qq.com/a/20160607/013716.htm.

⑤有运动休闲小镇专项规划，规划定位精准、特色鲜明，明确具体的建设项目和实施计划。

⑥有一定数额的体育固定资产投资，特别是核心运动休闲项目的投资（至申报期满日止，3 年内体育固定资产投资不低于 2 亿元，其中核心运动休闲项目投资不低于 5000 万元）。

⑦有较完善的配套服务体系，有运动休闲标识标牌、公共交通服务、公共休闲区域、应急安全保障等配套服务。

⑧有较成熟的管理运营机制，设有专门的领导小组及办公室，有专人负责。[1]

（2）浙江省对体育特色小镇的认定标准

①产业特色鲜明。核心运动休闲项目发展较为成熟，配套关联项目发展较快，初步形成运动休闲产业，在省内具有标杆、引领和示范作用。小镇区域范围内，拥有有效期内的省级运动休闲旅游示范基地、精品线路或优秀项目 1 个（条）以上。

②规划建设落地。工作思路清晰，政策措施有力。按计划完成全部或主体规划建设内容。建成面积不少于 200 平方米的“小镇客厅”，用于小镇及核心运动休闲项目展示、体验者接待等。

③项目投资到位。鼓励和支持社会资本参与运动休闲项目开发与小镇建设，体育固定资产投资到位。至建设期满为止，5 年内累计体育固定资产投资不低于 5 亿元，其中核心运动休闲项目投资不低于 2 亿元，社会资本投资不低于 5000 万元。

④体育文化彰显。深度挖掘核心运动休闲项目文化，对该项目的由来、发展、规则等有全面清晰系统的展示，形成运动休闲特色名片。有较为成熟的体育赛事活动，形成在省内具有一定影响力的核心运动休闲赛事品牌。省级及以上媒体对小镇及相关项目、赛事活动有宣传。

---

〔1〕 浙江省体育局．浙江省体育局关于开展省级运动休闲小镇认定工作的通知［EB/OL］．(2017－8－18)．http://www.zjsports.gov.cn/art/2017/8/18/art_1347321_11137368.html.

⑤管理服务完善。小镇及所在县（市、区）人民政府将体育产业作为重点扶持产业列入经济社会发展规划，配套政策措施具体得当。县域范围内设置有明显的运动休闲小镇宣传牌、指示牌等标识标牌。

⑥产业带动显著。有效带动特定区域体育产业、特色餐饮住宿发展和提高体育就业人数、税收等。每年吸引10万人次以上的运动休闲爱好者参与体验运动休闲项目。

1.2.3 浙江省创建体育特色小镇情况介绍

浙江省是经济强省，也是民营经济大省，一直是市场经济的先行地。同时浙江省拥有丰富的山水资源、人文资源等优势，为发展体育产业提供了资本及先天条件。另外，随着浙江省经济不断向纵深发展，供给侧结构性改革不断推进，浙江省人民政府正在积极寻求新的经济增长点，以加快经济转型，适应经济新常态。随着一系列体育政策的出台，体育迎来了前所未有的发展机遇，体育产业也将作为朝阳产业，在促进经济方式转变、产业结构调整、扩大就业、提高人民健康生活水平、改善民生等方面具有重要作用[1]。发展体育产业的特色小镇也必将成为浙江省适应经济新常态的重要组成部分。

浙江省人民政府在“十三五”期间将培育10个以上省级体育特色小镇以及一批市、县级体育特色小镇，争取有更多的体育小镇入选全省特色小镇[2]。其中浙江省体育局公布了15个省级体育特色小镇创建名单[3]（表4-6）。

---

〔1〕 邱林飞. 基于产业价值链视角的浙江体育产业发展研究［J］. 广州体育学院学报，2016，36（03）：54-59.

〔2〕 杭育文. 建成体育强省 率先基本实现体育现代化 努力推进浙江省体育改革攻坚转型发展［N］. 中国体育报，2016-7-29（3）.

〔3〕 浙江省发展和改革委员会，浙江省体育局. 浙江省发展和改革委员会 浙江省体育局关于印发浙江省体育发展“十三五”规划的通知［EB/OL］.（2016-7-29）. http://www.zjdpc.gov.cn/art/2016/7/29/art_7_1713264.html.

表 4－6 “十三五”期间浙江省体育局公布的 15 个省级体育特色小镇创建名单

创建市及个数	省级体育特色小镇创建名单
杭州市（2 个）	建德航空小镇
	富阳永安飞翔小镇
宁波市（1 个）	宁海胡陈户外运动小镇
温州市（2 个）	泰顺百丈时尚体育小镇
	鹿城时尚体育小镇
湖州市（1 个）	德清莫干山裸心小镇
嘉兴市（2 个）	平湖九龙山航空运动小镇
	海宁盐官马拉松小镇
绍兴市（1 个）	柯桥酷玩小镇
金华市（1 个）	永康龙山体育小镇
衢州市（2 个）	龙游汽车拉力特色小镇
	六春湖高山滑雪特色小镇
台州市（1 个）	临海经济开发区运动休闲产业小镇
丽水市（2 个）	龙泉宝剑小镇
	庆元百山祖避暑乐氧小镇

1.2.4 浙江省建设体育特色小镇做法的思考

通过对浙江省体育特色小镇发展情况的初步了解，本研究结合浙江省发展特色小镇的要求，对浙江省建设“体育特色小镇”提出以下思考。

1. 具备优越的自然生态环境

浙江省陆域面积为 10.18 万平方公里，耕地面积仅为 208.17 万公顷，有“七山一水二分田”之称，并素有“鱼米之乡”“丝绸之府”之美誉[1]。在浙江省创建的体育特色小镇名单中，每个体育特色小镇无不处在

〔1〕 赵可金．赵可金：浙江：七山一水二分田挖掘浙江经济新动力［EB/OL］．(2016－3－14)．http://finance. huanqiu. com/br/column/bj/2016－03/8703891. html.

茂密的树木、清新的空气、安静的环境、舒适的田园之间，每一处似乎都是“世外桃源”。对于发展体育产业，尤其是体育休闲产业来说，它们都是吸引居民休闲生活、度假、游玩的好去处。

2. 发展体育休闲产业特色鲜明

浙江省的体育特色小镇以发展休闲体育产业为主。休闲体育项目集中在航空、水上运动、户外运动、马拉松、滑雪等休闲运动产品上，并以供给综合类休闲体育产业为主，增强消费者对休闲体育产品的体验，满足不同消费者的娱乐需求。这将是浙江省发展体育特色小镇的重要支撑力量，也将为聚集资金、人才及相关配套服务，进一步增加就业，提升经济发展水平提供基础条件。

3. 传统文化内涵突出

保护和传承当地传统文化，保留体育特色小镇文化特色，对提高小镇文化内涵，提升小镇吸引力，增强区域特色具有重要作用。浙江省在发展体育特色小镇的过程中，也注重继承和发扬传统文化，并不断将当地的传统文化与小镇整体建设相融合，弘扬了小镇固有的传统文化，对小镇进行了个性化再造，也是在现代城市化进程中，使体育特色小镇更具有艺术和人文特性。

4. 便捷完善的基础设施

提供与之配套的基础设施，是承载小镇发展能力和提升特色小镇竞争力的重要方面。对发展体育特色小镇来讲，完善的基础配套设施建设必不可少。浙江省在对其各个体育特色小镇的发展规划中，将体育特色小镇内部住宿、停车、餐饮、医疗、娱乐、休闲等各项基础设施建设及服务做到全覆盖。

5. 充满活力的体制

浙江省人民政府将体育特色小镇纳入政府发展规划之中，并且形成了相应的奖励扶持政策和由县、市到省级体育特色小镇的创建机制，激发了民间资本投资体育产业的热情。

第5章　温州市泰顺县百丈时尚体育小镇建设

1.1　温州市泰顺县百丈镇及百丈时尚体育小镇概况

笔者在查阅与百丈镇相关纸质和网络资料的基础上，并结合对百丈镇人民政府相关职能人员和当地居民进行访谈，对百丈时尚体育小镇概况进行初步了解。

1.1.1　百丈镇基本概况

对百丈镇概况的了解主要从历史发展、现阶段发展概况，以及发展基础和资源优势三方面进行简述。

明朝即设百丈口市（集市），设牙官；清代中叶，是处于浙闽交界的泰顺、寿宁、庆元、龙泉等地区的物资吞吐口岸和集散地，沿街商店较多，常年物资吞吐量达30多万吨[1]，常住人口达到1万多人，被誉为当时的“小上海”。

从百丈镇人民政府了解到：百丈镇1935年就已设立。1946年百丈镇改为乡，隶属百丈区。1949年9月恢复镇建制。1956年被峰门并入。1958年5月政府设立峰门乡，同年11月设立百丈生产大队。1959年2月改称管理区，属百丈人民公社。1962年1月，峰门管理区并入改称公社。1983年2月设立峰门人民公社。1984年5月又改为乡，1985年7月恢复镇建制，1992年将黄坑村并入百丈镇。老百丈景色如图5－1至图5－4所示。

〔1〕施明达．泰顺县志［M］．杭州：浙江人民出版，1998：32.

图5－1　老百丈全貌

图5－2　老百丈水景

图5－3　老百丈街景

图5－4　老百丈摆渡场景

1997年珊溪水库启动建设，2000年珊溪水库蓄水。蓄水后，在原来的飞云江中、上游水系区域，即从文成县珊溪镇至泰顺县司前镇长达40公里的峡谷内，形成一个巨大的高峡平湖——飞云湖，它是浙江省除千岛湖外最大的人工湖，面积近36平方公里，湖水向四面八方的溪谷纵深集聚，形成许多狭长的湖泊，主要包括珊溪湖、云湖、莒江湖、百丈湖和白鹤湖五大湖区[1]。但为了保护温州800万人的“大水缸”，沿岸乡村不能有污染企业，居民不能开展养殖业，大量的百丈镇居民移民到温州各处。

通过对百丈镇人民政府相关人员访谈，笔者了解到：百丈镇的历史发

〔1〕 陈圣格．行走泰顺［M］．北京：中国戏剧出版社，2006：83.

展，可以概括为“因水而兴、因水而衰”，即在水库蓄水前因是五县物资吞吐口岸和集散地而兴旺，但随着珊溪水库的蓄水，百丈镇不能从事水运，不能从事工业生产，使得昔日繁荣的百丈镇，因为“一潭死水”而走向衰败。

现在的百丈镇，位于泰顺县北部，飞云江南岸，东临文成县，南界筱村镇，西毗罗阳镇，北接司前畲族镇。辖1个居民区、19个行政村，总面积约149.36平方公里[1]。据百丈镇人民政府提供的《泰顺县百丈镇体育产业专项规划设计项目》资料获悉：镇人民政府位于江元路92号，2015年百丈镇总人口为18146人；其中农业人口17013人，非农业人口1133人；全镇耕地面积10267.6亩，人均不足1亩。工农业总产值7941万元。

百丈镇地处“温州大水缸”周边，以创建“中国美丽乡村”为目标，以保护水环境优先、发展为重、民生为本为总体要求。笔者从百丈镇人民政府获悉：2010年，百丈镇实现工农业总产值3729万元，实现地方财政总收入759万元，农民人均纯收入5463元。

1.1.2 百丈镇发展基础与资源优势

笔者根据对百丈镇的实地调查，并重点结合《泰顺县百丈镇体育产业专项规划设计项目》资料，总结为三方面发展优势。

1. 气候适宜

笔者从百丈镇人民政府了解到：百丈镇因属于亚热带海洋性季风气候，所在镇区内常年雨量较充沛，气候较温和，镇域内全年平均气温17.2摄氏度，春夏水热同步，秋冬光热互补。近旁有飞云湖水域的温湿度调节，气候环境佳（图5－5）。

---

〔1〕 行政区划网．百丈镇［EB/OL］．［2011－5－3］．http://www.xzqh.org/html/show/zj/6758.html.

图5－5　百丈一角

2. 水资源丰富

据《泰顺县百丈镇体育产业专项规划设计项目》资料：百丈镇水系属于飞云江水系的司前溪和洪口溪支流。飞云江源于泰顺、景宁两县交界的白云尖西北坡，主河道198.7公里，流经景宁、泰顺，横贯文成、瑞安。洪口溪源于碑牌乡乌岩尖西侧山谷，流经仙居乡至洪口后与葛溪支流交汇后，经洪口流进百丈镇，汇入飞云江。司前溪源于乌岩岭白云尖，经司前镇后进入百丈镇，汇入飞云江，最后均进入珊溪水库（图5－6）。

图5－6　百丈水景

3. 生态农业资源丰富

百丈镇拥有良好的农业基础。据《泰顺县百丈镇体育产业专项规划设计项目》资料：目前，全镇已发展数个茶叶基地、毛竹园、板栗基地、杨梅基地，以及梨、蓝莓等特色水果基地，现有茶叶基地7900亩、毛竹基地9260亩、板栗基地3890亩、杨梅基地3070亩，其他特色基地2000多亩。2011年泰顺县人民政府组织申报环飞云湖省级现代农业示范园区，百丈镇为其核心基地建设区域（图5-7至图5-10）。

图5-7　百丈红心猕猴桃

图5-8　百丈红杨梅

图5-9　百丈茶园一角

图5-10　百丈蓝莓

1.1.3 百丈时尚体育小镇概况

通过对百丈时尚体育小镇的走访调查，并结合浙江省、温州市和泰顺县相关政府文件，笔者从现阶段发展概况、政府支持文件、建设过程及建设内容的角度，对此问题进行阐述。

笔者通过对百丈镇人民政府相关人员的访谈了解到：百丈时尚体育小镇规划范围是百丈镇城区及沿飞云湖周边区域，规划面积为 3.72 平方公里，2015 年居民总户数 332 户，居住人口 479 人，其中非农业人口 197 人，农业人口 282 人。

依托自身优越的水上自然资源，百丈镇以培育国际性水上皮划艇训练基地为平台，打造集皮划艇学训、科研、赛事推广等功能于一体的水上运动体育特色小镇。根据《浙江省体育发展“十三五”规划》《温州市体育事业及体育产业发展“十三五”规划》《泰顺县国民经济和社会发展第十三个五年计划纲要》《泰顺县特色小镇创建培育三年行动计划（2016—2018 年)》《泰顺县重大项目前期工作三年行动计划（2016—2018 年)》《泰顺县旅游业发展三年行动计划（2016—2018 年)》等文件，打造百丈时尚体育小镇已经被百丈镇作为重要任务来抓。

通过对百丈时尚体育小镇概况的了解，对其发展条件，本文主要从三方面进行阐述。

1. 人文历史资源深厚

据明崇祯《泰顺县志》记载，百丈口市（集市）明朝时即已设立。抗日战争时期，国立北洋工学院迁至百丈口三年，同时内迁的还有温州银行、温州国贸公司、温州纺织厂。新中国成立前后是浙闽七县的物资吞吐口岸，常年物资吞吐量达 30 多万吨（图 5 - 11）。

2. 自然生态风光优美

百丈镇处于泰顺县境内最低处，是具有 300 年历史的水边小镇，虽然现在已没有了蓄水前溪流纵横交错的场景，但较高的森林覆盖率，尤其是宽阔幽静的湖面，为休闲养生提供了绝佳之地。2016 年，百丈镇被浙江省住建厅评为浙江省园林镇[1]（图5－12）。

图5－11　老百丈摆渡场景

图5－12　百丈时尚体育小镇景色

〔1〕 浙江省住房和城乡建设厅．关于2016年浙江省园林镇拟批复名单的公示［EB/OL］．（2016－12－12）．http://www.zj.gov.cn/art/2016/12/12/art_5525_2203057.html.

3. 农村建设美丽

笔者从百丈镇人民政府获悉：随着新农村建设的不断深化，为了美化村容，合理规划村庄，百丈镇依靠“三边三化”“五水共治”等举措加快了美丽乡村建设，并在2014年完成“整乡整镇”创建工作（图5－13、图5－14）。

图5－13　百丈时尚体育小镇一角

图5－14　百丈时尚体育小镇远景

1.2 温州市泰顺县百丈时尚体育小镇规划分析

重点结合《泰顺县百丈镇体育产业专项规划设计项目》资料，笔者分别从规划背景、规划前的基本状况、具体规划内容及发展现状四方面进行研究。

1.2.1 百丈时尚体育小镇规划背景

百丈镇受水源地保护影响，发展受限，但随着大众休闲时代的到来，休闲度假娱乐将成为新常态，百丈镇寻到了发展契机。

2014 年 10 月，国务院印发了《关于加快发展体育产业促进体育消费的若干意见》，部署积极扩大体育产品和服务供给，推动体育产业成为经济转型升级的重要力量，并将全民健身上升为国家战略[1]。2016 年 10 月国务院办公厅印发了《关于加快发展健身休闲产业的指导意见》，提出大力支持健身休闲产业发展，产业总规模在 2025 年达到 3 万亿元[2]。一系列有关体育政策文件的出台，无不在顺应时代发展的健身休闲需求，这也要求体育产业相关从业者要提供更好的产品，不断满足消费者的需求。百丈时尚体育小镇就是以体育产业为特色发展起来的特色小镇，其在规划建设内容中，无不凸显发展体育产业，促进全民健身在体育特色小镇发展中的地位。

据国家旅游局发布的数据，2016 年，国内旅游达 44.4 亿人次，同比增长 11%；国内旅游总收入达 3.9 万亿元，同比增长 14%[3]。旅游业的发展保持增长态势，旅游这种高品质生活的标志，开始走向全民化，旅游也日益成为一种生活方式，且旅游方式的多元化也将成为常态。百丈时尚体育小镇依托自然生态资源及水上资源、生态农业资源等优势，在打造体育

---

〔1〕 国务院．关于加快发展体育产业促进体育消费的若干意见［EB/OL］．(2014－10－20)．http：//www. gov. cn/xinwen/2014－10/20/content_ 2767791. htm.

〔2〕 新华社．2025 年我国健身休闲产业总规模计划达 3 万亿［EB/OL］．(2016－10－28). http://www. gov. cn/xinwen/2016－10/28/content_5125667. htm.

〔3〕 新华社．2016 年国内旅游总收入 3.9 万亿元［EB/OL］．(2017－1－9). http://www. gov. cn/shuju/2017－01/09/content_5158138. htm.

特色小镇的同时，积极联合周围村镇，打造区域发展特色，实现区域间协调互动发展。

2016年7月，住房和城乡建设部、国家发展和改革委员会、财政部联合下发了《关于开展特色小镇培育工作的通知》（建村〔2016〕147号），同年8月，住房和城乡建设部下发了《关于做好2016年特色小镇推荐工作的通知》（建村建函〔2016〕71号），同年10月，住房和城乡建设部公布了我国第一批127个特色小镇。其实早在2015年4月，浙江省人民政府就出台了《浙江省人民政府关于加快特色小镇规划建设的指导意见》（浙政发〔2015〕8号），并形成了金融支持，推进规划建设，第一、二批及示范性特色小镇名单。显然，这是中央层面对从浙江兴起的特色小镇模式从认可赞赏到鼓励推广的新阶段[1]。百丈时尚体育小镇将融合到“特色小镇”发展之中，并按照浙江省体育局创建体育特色小镇的要求，加快推进省级特色小镇创建步伐。百丈时尚体育小镇航拍全景如图5-15所示。

图5-15　百丈时尚体育小镇航拍全景

---

〔1〕 3年打造1000个特色小镇，信息都在这里了［EB/OL］.（2017-2-28）. http://mp.weixin.qq.com/s?__biz=MzI4NzU0NjE4Ng==&mid=2247483788&idx=5&sn=23dda641693a99d86a5e8fb1e5dcbada&chksm=ebcd4fa9dcbac6bfa3c377242daa9ccb510d0523f80130bf374e426065b0a260d358568e9e8b&mpshare=1&scene=23&srcid=0302OJj1fpT3JlNexhSdLztn#rd.

百丈镇、筱村镇、司前畲族镇、竹里畲族乡以及文成县西部乡镇都处于乌岩岭国家保护区和飞云湖国家级风景名胜区，境内自然旅游资源得天独厚，同时受自然保护区与水源地限制，主要以发展生态旅游及生态农业为主，这些乡镇存在较高程度的雷同产业，乡镇发展特色及优势不明显，存在恶性竞争隐患。百丈镇挖掘当地特色，以打造体育特色小镇为契机，突破了发展瓶颈，提升了当地经济发展水平。

1.2.2 百丈时尚体育小镇规划前的基本状况

对于百丈时尚体育小镇规划前的基本状况，本文分别从规划区用地、规划区道路交通、公共基础设施和市政基础设施四方面进行论述。

1. 规划区用地状况

笔者从百丈镇人民政府了解到：百丈时尚体育小镇规划区主要以农林用地为主，建设用地较少，建设用地约 42.16 公顷，农林用地约 1389.32 公顷，水域用地约 442.78 公顷。规划区内居住建筑基本上以居民自建房为主；主要公共设施有百丈镇人民政府、国土资源所、信用社、社区卫生服务中心、派出所、中心小学等，这些设施为镇区居民及周边村庄提供相应的配套设施。

2. 规划区道路交通状况

笔者通过对百丈时尚体育小镇实地调查发现：规划区域内主要道路是司筱线，南北向贯穿规划区，路面宽大约 6 米，路面质量较好，交通附属配套设施较为齐全，是规划区域与外界联系的主要通道。

规划区域内次要交通道路较多，主要承担农业生产、村庄联系、交通疏散等作用，路面宽普遍在 3 米到 4 米之间，路面状况一般，交通附属配套设施水平较低，车辆通行不便。但镇区内路网结构已初步形成，基本能够满足镇区居民日常通行需要。

3. 公共服务设施状况

规划区内公共服务设施主要有派出所、村委会、社区卫生服务中心、镇人民政府、国土资源所、信用社、中心小学、粮管所、社会服务管理中心、汽车站等。笔者从百丈镇人民政府了解到：规划区内公共服务设施总占地4.62公顷，占城镇总建设用地的23.88%。

4. 市政基础设施状况

笔者从百丈镇人民政府了解到：规划区域内有环卫站、水厂、气象站、水文监测站、移动信号塔基站、码头等基础配套设施；环卫站和水厂都能满足镇区居民的日常生活需求。

1.2.3 百丈时尚体育小镇具体规划内容

本研究结合百丈镇人民政府提供的《泰顺县百丈镇体育产业专项规划设计项目》资料，对百丈时尚体育小镇具体规划内容进行研究分析。

1. 规划理念

百丈时尚体育小镇规划理念可总结为四个方面。

（1）促进与周边区域及资源协调发展

百丈时尚体育小镇的规划建设，将协同筱村镇、司前畲族镇等周围乡镇，拓展发展范围，充分依托当地的生态及飞云湖水上资源，形成区域和资源协调互动的总体发展布局，突破区域产业较为单一的发展瓶颈。

（2）注重与生态自然环境相平衡

小镇充分维护镇区内山水资源特色，积极保护现有水域、山体、树木等生态基础，不破坏山形地貌，布置与自然生态协调发展的功能建筑，呈现山、水、林、城融合发展的山水体育特色小镇形态。

（3）规划做到有序建设，紧凑发展

根据阶段发展需要，小镇循序渐进，紧凑布局功能建筑，实现建筑与周边环境充分融合，以达到融建筑、山水、林木为一体的风貌特色。积极在建成的项目中完善配套设施，使自行车和观光车能够便捷地达到各商业、度假、娱乐、体育活动场所等。

（4）产业间实现混合与复合发展

在体育特色小镇进行规划建设中，小镇应注重用地混合与功能混合，形成多种功能、活动相混合的城镇结构，真正体现以人为本的可持续发展理念，有效提高空间发展活力。

2. 规划发展目标及战略

（1）发展目标

百丈时尚体育小镇发展目标，可分为总目标和阶段目标两部分。

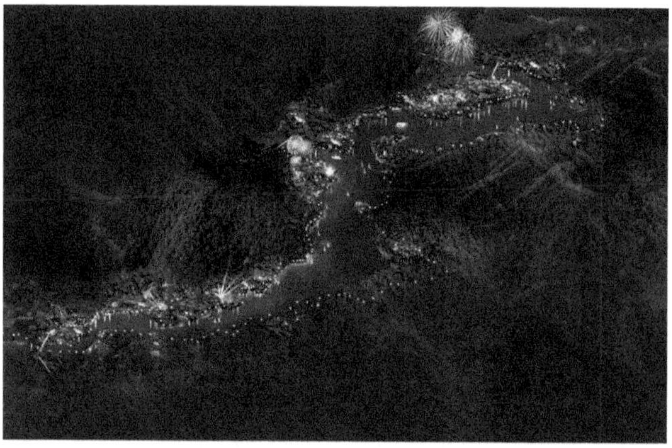

图 5－16　百丈镇体育产业专项规划整体鸟瞰图（夜景）

图 5－17　百丈镇体育产业专项规划整体鸟瞰图（日景）

百丈时尚体育小镇总目标为：力争通过 20 年努力，把百丈时尚体育小镇建设成城镇功能齐全、产业特色鲜明、机制体制完善、都市气息浓郁、山水风光优美的宜居、宜业、宜游的现代化新镇区，使之成为浙南地区经济社会发展速度快、水平高、辐射力强、协调性好的区域，实现百丈镇未来经济增长的引领区和城镇发展核心区的总体目标。

百丈时尚体育小镇的阶段目标可以分为发展蓄势期（2016—2020 年）与全面完善和成熟期（2021—2030 年）两个阶段。

其中发展蓄势期（2016—2020 年）的主要内容为：到 2020 年，小镇稳固体育产业发展，围绕生态经济建设，努力发展茶叶、板栗、毛竹、水果等农业基地，完善镇域各项基础设施建设和公建设施，建立较为完备的市场体系。满足经济发展和人民生活的需要，大力发展体育产业，提高体育培训服务水平。重点发展旅游业，加强飞云湖度假区的建设和宣传，解决好经济发展中的速度和效益问题。在发展的同时，加强水土流失治理和生态环境建设，保护环境和水源地，力争到 2020 年，经济增长速度达到 14%，全镇生产总值达到 3 亿元。

全面完善和成熟期（2021—2030 年）的主要内容为：到 2030 年，小镇继续稳固农业和生态经济建设，强化旅游业的快速发展，依靠科学技术和先进的管理水平，合理配置资源，解决好生产和建设的关系，进一步完善基础设施和公共建筑设施，力争到 2030 年经济增长速度达到 12%，全镇生产总值达到 9.5 亿元。

（2）发展战略

百丈时尚体育小镇将实施“生态立镇、体育强镇、农业富镇、旅游活镇”四大发展战略，全力打造百丈时尚体育小镇。

1）生态立镇

坚持把生态作为立镇之本，构建结构合理、功能高效、关系协调的城镇生态系统，实现自然生态、经济生态和社会生态，全力打造绿色生态发展品牌，建设天蓝地绿、山清水秀、自然和谐的生态宜居的特色小镇。

2）体育强镇

借助促进体育产业发展之风，延伸体育产业链条，培育体育产业联盟，使体育赛事、训练、户外探险、培训、旅游、健身融合为一体。

3）农业富镇

城乡统筹布局，发挥比较优势，划定功能分区。整合东部包垟乡作为镇区农业基地及都市农业观光园地，升级农业为承包型、合作型、科技型产业基地，适当发展生态农业产品加工业，培育农业观光及居住休闲等综合产品。

4）旅游活镇

培育休闲度假、生态旅游、特色观光型旅游产品，借助飞云湖重点发展旅游休闲、度假、疗养、摄影观光等职能，努力将飞云湖培育成5A级景区，打造旅游名片，提升百丈镇及周围区域经济活力。

3. 规划建设内容

（1）规划总体内容

在产业发展规划中，体育特色小镇以“体育+”的发展策略（图5-18）建立体育产业发展项目库（图5-19），推进百丈镇创建成省级体育特色小镇，其中百丈时尚体育小镇重大建设项目内容见表5-1。

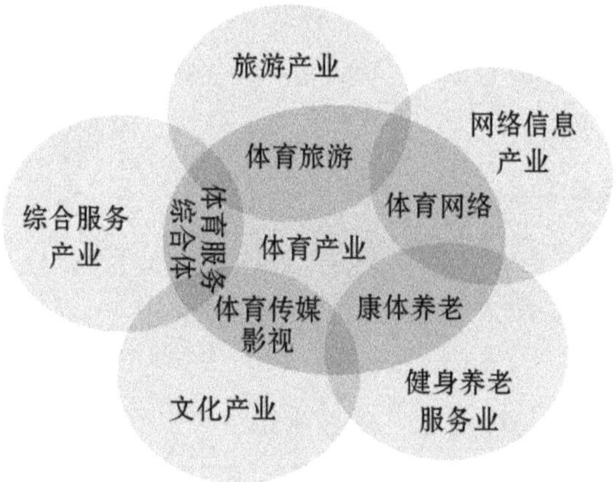

图5-18　百丈时尚体育小镇产业发展策略

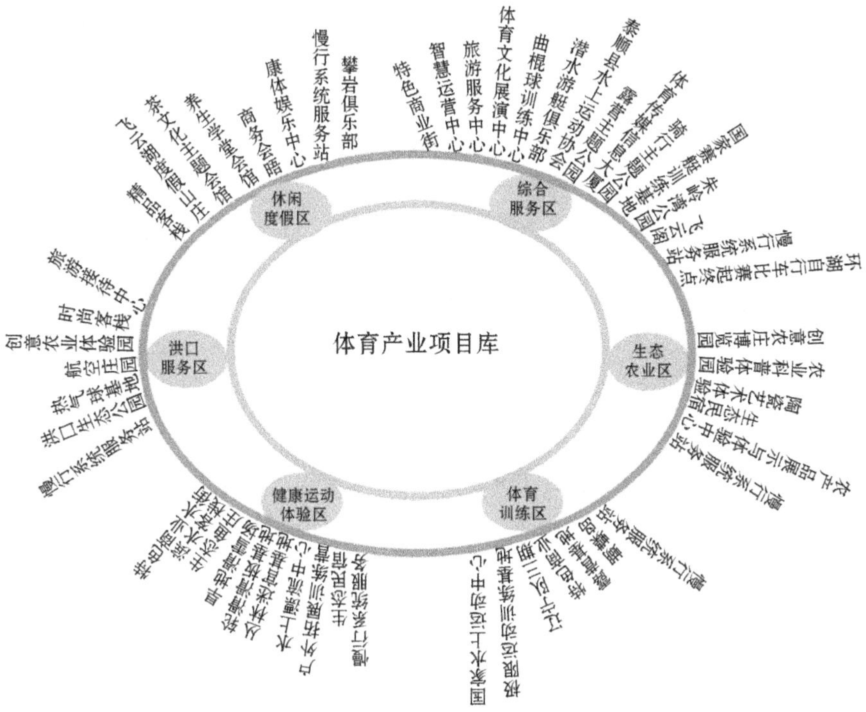

图5－19 百丈时尚体育小镇体育产业发展项目库

表5－1 百丈时尚体育小镇重大建设项目内容一览表[1]

序号	功能区名称	项目名称	投资额（亿元）	占地面积（公顷）	建设时序（年份）
1	—	环飞云湖慢行步道项目	0.6	—	2016—2020
2	休闲度假区	飞云湖康体养生度假区	6.5	8.69	2017—2020
3		攀岩俱乐部	0.5	2.7	2020—2022

〔1〕百丈镇人民政府，泛华建设集团有限公司：泰顺县百丈镇体育产业专项规划设计项目［Z］.2016－4.

续表

序号	功能区名称	项目名称	投资额（亿元）	占地面积（公顷）	建设时序（年份）
4	综合服务区	体育服务中心 + 智慧运营平台项目	3.5	0.49	2017—2022
5		游客集散中心	0.3	—	2017—2020
6	体育训练区	辽宁海校冬训基地（二期）	0.5	0.82	2017—2018
7		露营主题公园	1.5	6.68	2018—2020
8		骑行主题公园	0.8	4.78	2018—2020
9		国家水上运动中心训练基地	2.5	13.13	2017—2020
10		体育休闲岛（蝴蝶岛）	1.5	7.63	2020—2022
11		辽宁海校冬训基地（三期）	4.5	4.65	2017—2020
12	生态农业区	潘垟农庄	0.5	16.71	2016—2018
13		智慧农业谷	2.5	0.54	2020—2022
14	健康运动体验区	户外运动基地项目	7.5	17.92	2017—2020
15		特色商业水街	6	1.43	2020—2025
16	洪口旅游服务区	游客接待中心	0.1	0.06	2020—2022
17		航空庄园、热气球基地	14	6.08	2020—2025
			53.3		

（2）重点发展内容介绍

百丈时尚体育小镇重点发展内容可以分为三大块：体育训练与培训、体育竞赛与表演和体育休闲体验。

体育训练与培训。完善训练基地配套设施，为国家级训练队创造良好的训练环境，吸引一定量的运动项目训练基地落户百丈，提升百丈时尚体育小镇的影响力，提高其区域知名度。利用运动训练基地的环境优势，积极开展与国际体育机构、著名职业体育联盟、俱乐部及明星合作，创办一批高水平、有品牌效应的国际体育学校，发展其高端体育培训业。主要建设项目包括：国家水上运动中心训练基地、国家赛艇队训练基地、辽宁海校冬训基地、国际体育培训学校、拓展训练营、体育技术咨询中心等。

体育竞赛与表演。借鉴吸收国内外体育赛事组织运动的管理经验，与一些体育产业运营公司合作发展推动和规范体育竞赛表演业的市场化运作，大力发展体育赛事。积极引进大型体育竞赛表演，培育和开发拥有自主知识产权的体育竞赛表演市场，带动有关传媒、广告、文化等行业的发展。依托现有的体育基础设施建设，尝试组建职业体育俱乐部，将社会资金、专业运动员与体育竞赛表演结合成一个整体，拓宽其发展途径。体育竞赛表演项目包括：国际山地户外运动挑战赛、皮划艇国际邀请赛、全国曲棍球冠军杯赛、铁人三项、环飞云湖自行车赛、“中国杯”赛艇比赛等。

体育休闲体验。充分利用百丈镇优越的山水资源，大力发展游艇、皮划艇、游泳等基础良好的水上运动项目，开发攀岩、旱地滑雪、BMX 小轮车、跑酷等时尚休闲体育项目，丰富普通体育爱好者的业余生活。整合新兴运动项目，普及大众体育健身，引导大众体育消费。鼓励和支持投资主体多元化，形成结构合理、形式多样，可满足不同消费层次需求的休闲体育市场。体育休闲体验项目主要包括：旱地滑雪、攀岩、户外探险、跑酷、曲棍球等。百丈时尚体育小镇规划图如图 5 - 20 所示。

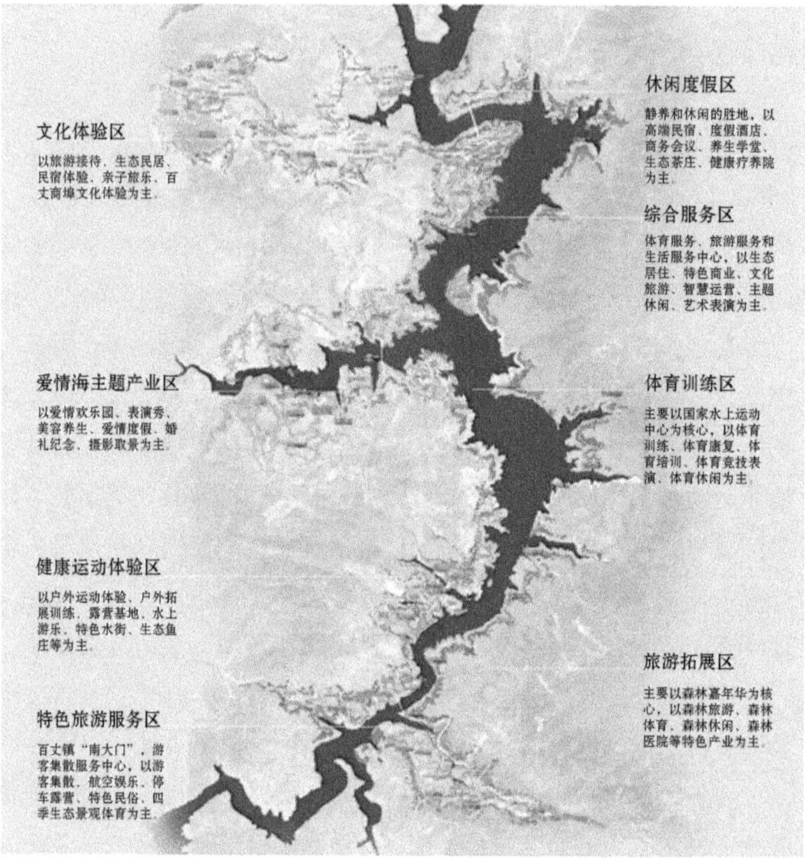

图5－20　百丈时尚体育小镇规划图

1.2.4　百丈时尚体育小镇发展现状

笔者将重点从体育基地建设、体育休闲赛事、体育休闲设施建设、经济带动和基础配套设施建设五方面对小镇的发展现状进行分析。

1. 体育基地已基本建成

笔者通过对泰顺县体育局及百丈镇人民政府相关工作人员的访谈得知：2014 年国家体育总局水上管理中心多次来百丈时尚体育小镇进行实地考察。同年 11 月底，小镇成功举办全国青少年赛艇训练营。12 月初国家青少年赛艇队正式进驻小镇训练。2016 年，小镇成功申报了国家水上运动后备人才基地和国家体育训练基地两个国家级基地，并完成了百丈国家水上运动中心项目的控规编制和评审工作。同时浙江省、辽宁省、甘肃省及江苏省的无锡市等省市的皮划艇、曲棍球队伍也相继进驻训练。（图 5 - 21 至图 5 - 24）

图 5 - 21 百丈时尚体育小镇曲棍球场

图 5 - 22 辽宁曲棍球队正在训练

图 5－23　建成的下水码头已投入使用

图 5－24　下水码头组图

2. 体育休闲赛事品牌基本形成

近年来，百丈时尚体育小镇依托飞云湖资源优势，先后承办了中国温州国家山地户外运动挑战赛、全国露营大会、温州市第十五届运动会皮划艇比赛、飞云湖公开水域游泳比赛等品牌赛事活动。笔者从百丈镇人民政府了解到：在全国露营大会的筹办中，百丈镇人民政府邀请了北京酷赛体育文化传播有限公司、尼奥（北京）公关策划有限公司进行策划，重点通过网络、论坛、中央级媒体宣传，特别是在100多家网络媒体和央视多个频道进行报道和推广。由于科学的策划和推广，小镇吸引了来自全国各地的8000多名户外露营爱好者云集于飞云湖畔，2000多顶帐篷整齐扎营，极大提高了百丈时尚体育小镇的知名度和影响力，吸引了广大体育运动爱好者前来健身运动、观光旅游，投资商前来洽谈考察，促进了体育与时尚、生态、旅游的融合发展。（图5-25至图5-31）

图5-25 “金丝玉玛杯”2018CBSA美式台球泰顺国际公开赛开幕式

图 5－26　“金丝玉玛杯”2018CBSA 美式台球泰顺国际公开赛合影

图 5－27　“农商银行杯”2018 国际商界精英马拉松赛

图5－28 百丈时尚体育小镇露营大会盛况

图5－29 百丈时尚体育小镇承办“环浙骑行”赛事场景

图 5－30　百丈时尚体育小镇承办的全国象棋棋后赛

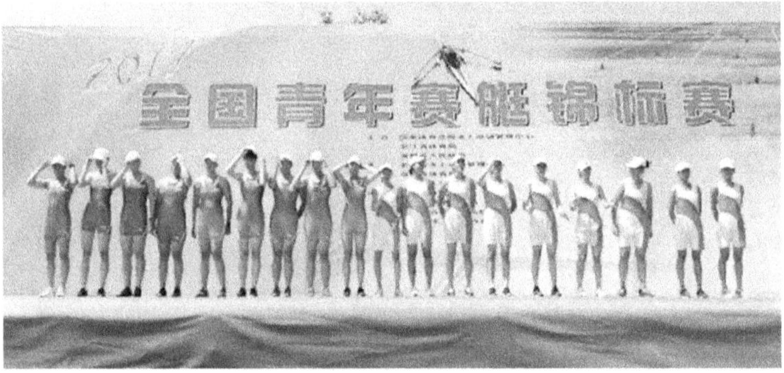

图 5－31　全国青年赛艇锦标赛运动员合影

3. 体育休闲设施建设已初具规模

笔者从百丈镇人民政府了解到：百丈镇人民政府先后投入 3000 万元完善基础配套设施，建成皮划艇、赛艇体能训练房 3 个，运动员餐厅 2 个、运动员公寓楼 2 处、下水码头 3 处等设施。大力实施环飞云湖绿道精品工程，以海棠作为绿化主题，积极打造“浪漫海棠半岛、时尚体育公园”，并结合“美丽乡村”建设，打造总投资 600 多万元的环湖绿道精品工程，

以海棠作为绿化主题，配以环湖自行车骑行赛道、露营平台、观景平台、休闲驿站、望湖广场等设施。(图5-32至图5-34)

图5-32　下水码头旁建成的直升机停机坪

图5-33　观景平台

图 5－34　新建成的望湖广场

4. 经济效应初步显现

笔者通过对百丈时尚体育小镇当地居民实地访谈得知：由于体育特色小镇举办各种体育类比赛，以及露营平台和自行车绿道的建成，小镇吸引了一定数量的游客，也刺激了当地消费，农家乐、零售店及水果店的生意均有所改善，在一定程度上提升了当地居民的经济收入；另外，国家级及各省、市体育队伍前来小镇冬训，成为百丈时尚体育小镇的固定客源，这带动了当地服务业的发展，一定程度上也提高了当地居民的收入。（图 5－35 至图 5－38）

图 5－35　学生来小镇游学留影

图5－36 百丈时尚体育小镇的民宿（1）

图5－37 百丈时尚体育小镇的民宿（2）

图5－38 前来百丈时尚体育小镇露营的游客

5. 完善基础配套设施

百丈时尚体育小镇是一个移民新镇，其水电、市政配套等各项基础设施相对薄弱。笔者从百丈镇人民政府得知：为吸引各地体育队伍进驻，百丈镇人民政府先后投入了3000万元资金完善其基础配套设施；投资200多万元实施美丽乡村精品创建，安装特色路灯200盏，提升改造“赤膊”房200间等，使其镇区环境和面貌大大提升，为运动员日常训练提供优美、舒适的环境。同时，百丈110kV变电所和百丈中心镇饮供水项目也已启动开展前期设计、论证。不仅如此，小镇还实施了污水处理、湖岸修复、拆违复绿等基础设施工程建设，为水源保护提供了防护。推进污水处理系统提升项目建设，全镇11个村全部实现污水集中化处理，污水经处理后再排放到飞云湖，境内水质监测常年保持在一类水以上标准。小镇实施拆违复绿工程，拆除了水库周围所有的畜禽养殖场和石材厂，并进行了景观绿化。（图5－39至图5－44）

图5－39　百丈时尚体育小镇改造后的民房一角

图5-40 百丈时尚体育小镇公共卫生间一角

图5-41 百丈时尚体育小镇民房改造一角

图5-42 百丈时尚体育小镇展厅

图 5－43　百丈时尚体育小镇展厅一角

图 5－44　百丈时尚体育小镇图书馆一角

1.3　温州市泰顺县百丈时尚体育小镇存在的问题及成因分析

通过对实地开展访谈及观察，笔者现对百丈时尚体育小镇发展困境总结分析如下。

1.3.1　温州市泰顺县百丈时尚体育小镇存在的问题

通过实地调查，笔者主要从百丈时尚体育小镇现阶段出现的四方面问题进行分析。

1. 招商进展缓慢

笔者从百丈镇人民政府了解到：在百丈时尚体育小镇投资项目中，前期为吸引辽宁皮划艇队进驻训练，百丈镇人民政府投入3000万元，建成了3个皮划艇体能训练房、2个运动员餐厅、2处运动员公寓楼、3处下水码头等设施。在辽宁队确定进驻训练之后，镇人民政府依靠辽宁队给予的土地出让金5000万元，投资建成了环湖自行车慢行道（一期）、露营平台、直升机停机坪，并完善了体育特色小镇道路两旁的绿化设施。但现阶段只是单纯依靠引进训练队进行引资，招商资金还较少，距百丈时尚体育小镇发展规划阶段性目标和省特色小镇提出的三年内要完成固定资产投资50亿元金额较远。

2. 体育产业带动效应不明显

浙江省原省长李强对特色小镇建设问题曾指出：特色小镇中的“特色”是小镇的核心要素，产业特色是重中之重[1]。特色小镇在规划建设中，尤其要重视特色产业的发展，并要求做到“特”和“强”。百丈时尚体育小镇是以体育产业为发展特色而兴起的特色小镇，在产业发展定位和理念中，要以“体育+”发展模式，与旅游、农业等相关产业融合在一起，形成复合发展理念。但笔者通过实地调查发现，小镇体育基础设施刚刚建成，特色产业发展刚刚处于起步阶段，发展优势还未显现，经济效应较低，在与当地旅游业和生态农业实现复合发展中，效果不明显。

3. 传统文化传承要素缺失

在推动特色小镇建设过程中，百丈镇需要重视新文化凝聚力的培育、维系成员的共同精神纽带的重构，发挥文化的引领、渗透、感召、辐射和凝聚作用[2]。百丈镇在珊溪水库蓄水前，是繁华的水运名镇，并在《泰顺

[1] 李强．特色小镇是浙江创新发展的战略选择［J］．中国经贸导刊，2016，(04)：10－13.

[2] 陈立旭．论特色小镇建设的文化支撑［J］．中共浙江省委党校学报，2016，32（05)：14－20.

县百丈镇体育产业专项规划设计项目》文件中，也凸显出保护百丈镇传统文化的重要性。但现阶段百丈镇人民政府在建设体育特色小镇过程中，主要依靠飞云湖水域资源进行一系列项目开发，如皮划艇、游泳、垂钓、潜水等，只是重点突出了现有水文化的开发，对传统文化开发力度明显不够。

4. 绿色生态面临挑战

百丈镇是典型的山区乡镇，飞云湖三分之二的水域面积在镇区域内，是温州800万人的“大水缸”，是珊溪水库重要的水源涵养区和生态功能区。因此，在全镇及体育特色小镇区域内禁止发展任何工业，水库区周围山林禁伐、畜禽限养、渔业管控、矿石禁采等。优良的生态环境，是百丈时尚体育小镇发展中必须保证的核心，也是使体育特色小镇焕发持久生命力、为体育爱好者或创业人士提供优良的人居环境的最基本保障。但笔者在实地调查中发现，在体育特色小镇区域内垃圾被沿湖随地乱倒，在飞云湖石碑旁，甚至存在大小便的痕迹；在吸引训练队数量、运动员人数及游客数量上，小镇没有具体数量的限定，这也使得生态环境保护力度受到一定的挑战。

1.3.2 温州市泰顺县百丈时尚体育小镇存在问题的成因分析

经研究，笔者对百丈时尚体育小镇现阶段发展中存在的问题进行以下四方面分析。

1. 招商机制不完善

百丈镇党委、镇人民政府从2014年开始，就把体育招商作为中心工作和首要任务，成立了体育招商领导小组，定期专题研究策划体育招商项目包装和推介，年初建立工作责任制，落实班子成员包项目和专班干部一抓到底的工作机制，但未能为鼓励招商而形成政策文件，加之对外宣传力度不足，因此招商工作成效较低。

2. 缺乏对传统文化的保护

笔者通过对百丈时尚体育小镇居民进行访谈及对百丈时尚体育小镇进

行实地观察得知：当地居民对老百丈昔日的场景很是怀念，但现在整个老百丈镇被埋在水下，一些老百丈的痕迹已荡然无存，仅仅留下人们对老百丈的回忆。其原因主要有：一方面百丈镇人民政府没有对原先老百丈的遗留物进行搜集、整理；另一方面在新百丈镇建成后，没有传承老百丈传统文化的元素。

3. 自然生态环境承载力有限

百丈时尚体育小镇正在积极建设之中，保护自然生态环境，尤其保护好当地的水环境是其发展的基本条件。但笔者通过实地调查发现，百丈时尚体育小镇在发展中仍存在诸多问题。其出现的原因主要有：一方面小镇缺乏对当地生态环境承载力的准确评估，尤其在吸引专业训练队方面，目前没有对吸引训练队及人数进行限定，而不断增加的游客，必然会对当地生态环境造成一定的负面影响；另一方面缺乏生态环境保护措施。笔者在对百丈时尚体育小镇进行实地调查中发现，百丈时尚体育小镇环境宣传保护力度不够，没有制定严格的环境保护措施。

4. 暂未形成自身的赛事品牌

虽然在近几年，百丈时尚体育小镇举办了曲棍球、皮划艇和游泳比赛等一系列赛事，但缺乏赛事之间的衔接，对赛事开发力度不够，影响力不持久，更没有形成自身的赛事品牌。百丈镇人民政府于2013—2014年，在百丈时尚体育小镇举办的全国露营大会、中国温州国际山地户外运动挑战赛皮划艇和自行车项目等体育赛事，对百丈镇及体育特色小镇形成了积极影响，但在其后，没有延续其比赛的热度，而使影响力逐渐冷却下来，这表明小镇对体育赛事的开发能力有限，在带动旅游和农业方面，效果不明显。

1.4 温州市泰顺县百丈时尚体育小镇建设路径研究

在以上研究的基础上，笔者提出了百丈时尚体育小镇在建设方面应该注意的问题，希望能够帮助百丈时尚体育小镇建设项目顺利推进。

1.4.1 加大基础投资设施建设力度，改善投融资环境

首先，要加快建成规划内基础设施。完善基础设施建设，包括自来水供应、污水处理、电力供应、网络覆盖等。由于百丈时尚体育小镇山路居多，位置比较偏僻，乘坐泰顺县罗阳镇前往百丈镇的城乡公交，全程时长近一个半小时，交通十分不便，所以应加快 G4012 溧阳至宁德、浙江省文成县到泰顺县段工程建设；《温州市通用航空产业发展规划（2014—2030年）》中的百丈水上机场建设项目，在现阶段体育特色小镇发展中显得尤为必要。

其次，提高体育基础设施的建设层次。体育基础设施的供给质量，在一定程度上决定了体育特色小镇的发展品质，也对提升小镇特色具有重要作用。因此在基础设施建设中，小镇要秉持长久发展的眼光，增强基础设施建设的质量，如：积极建造体育场馆设施，充分满足大众健身需求，提升体育基础设施市场发展潜力。

最后，要建立完善的基础设施管理体系。对已建成的基础设施，形成完善的科学管理机制，对现有的道路路面及周围进行绿化，垃圾及时回收处理，体育基础设施及时维护更新等，确保基础设施积极发挥功能。

1.4.2 扎实做好招商引资工作，突破招商引资瓶颈

首先，做好招商宣传工作。百丈时尚体育小镇拥有丰富的山水自然资源，这是发展休闲体育最为重要的基础条件，百丈镇人民政府花费 170 万元对体育特色小镇进行科学规划，形成一整套的基础设施及建设进度表。百丈镇在成立招商工作小组的基础上，要积极通过媒体、网络等平台进行持续的宣传和报道，持续扩大百丈时尚体育小镇的影响力。

其次，制定招商引资策划方案。笔者从百丈镇人民政府了解得知：2015 年百丈镇共接待体育产业客商 100 余人次，洽谈项目 10 多个，签订项目合同 3 个。其原因有很多方面，但未制定招商引资策划方案，对吸引民间资本力量出现含糊不清、定位不准等问题，成为其未能吸引到客商的原因之一。因此，百丈镇要制定招商引资策划方案，准确对百丈时尚体育

小镇发展优势、市场定位等各方面进行分析，以吸引客商对百丈时尚体育小镇进行市场开发运营。

最后，实现公开透明招标。百丈镇应及时将百丈时尚体育小镇招标项目及招标流程等信息在相关官方网站上进行公示，给予客商充分的时间进行论证，并在招标的过程中，做到规范、公平、公正和公开。

1.4.3 引导鼓励民间资本参与，构建多元化投资建设机制

首先，出台了关于鼓励民间资本参与投资建设和运营体育特色小镇的相关政策。虽然百丈镇人民政府为吸引民间资本力量的参与，成立了吸引民资领导小组，定期专题研究策划体育招商项目包装和推介，并确立了工作责任制，但并未制定鼓励民间资本投资建设和运营体育特色小镇相关政策，其吸引民间资本的工作不完善，应加快出台鼓励和支持民间资本投资体育特色小镇正式的政策文本，鼓励和支持民间资本力量采用 PPP 等多种方式参与体育特色小镇基础设施建设和运营，推进百丈时尚体育小镇建设进程，进一步提升百丈时尚体育小镇建设效率。

其次，积极营造民间资本发展环境。百丈镇人民政府要加强基础设施管理，提升体育特色小镇区域内的交通能力、自来水供应、电力供应、网络覆盖、垃圾回收和处理、安保等基础保障服务，以创造良好的发展环境。

最后，对民间资本进行指导监督管理。百丈镇对民间资本在基础设施建设和运营等各个领域，进行有效的指导监督管理，规范其在百丈时尚体育小镇进行发展，为民间资本营造积极、健康的投资环境。

1.4.4 打造体育产业发展优势，突出传统文化绿色生态优势，促进协同平衡发展

1. 推进体育赛事市场化运作

在政府职能转变和体育赛制改革的今天，无论是公益性还是营利性赛事，推进赛事的市场化运作，鼓励社会力量参与其中，无疑是发展趋势。百丈镇人民政府在百丈时尚体育小镇承办了 2014 中国温州国际山地户外运

动挑战赛、2013全国露营大会、2013温州市第十五届运动会皮划艇比赛、飞云湖公开水域游泳比赛等品牌赛事活动，完全依靠政府举办，共花费政府资金350多万元，这与体育赛事市场化趋势不相符合，需要积极吸引社会力量参与小镇体育赛事的市场化运作，提高政府工作效率。百丈镇人民政府应积极将赛艇、户外露营、游泳、棒球、自行车、马拉松等赛事活动交给社会力量来办。泰顺县人民政府及体育局相关部门应积极对赛事进行公开、公正招标，并适度降低在举办赛事过程中交通、医疗卫生等相关费用，以保障赛事安全举办。

2. 提升体育特色小镇传统文化内涵

百丈镇历来是泰顺县的水运埠头，也是泰顺县经济发展重镇。珊溪水库蓄水后，以前兴旺的景象成为回忆。为了使百丈镇水文化很好地传承下去，百丈镇以建立水运百丈文化馆、文化园或展馆等形式，对老百丈建筑、工具、服饰等，采取了收集、整理的保护措施，以增强小镇的历史文化氛围。

3. 加强对生态环境质量监督

"示范效应"告诉我们，一个人环保意识增强，对其周围人士也会形成积极影响。因此，百丈镇要加大百丈时尚体育小镇内部及周围地区的环境保护宣传和教育力度，采取灵活的方式，增强体育活动者的环保意识，使其在体育活动中注意自己的"一举一动"，减轻人们对自然生态环境的破坏。

1.4.5 着力构建多产业发展融合平台，促进融合联动发展

1. 积极打造体育品牌赛事

百丈时尚体育小镇依靠飞云湖自然生态资源，成为国家级各省市冬训训练基地，并带动了百丈时尚体育小镇旅游、农业等相关产业的发展，但现阶段发展还处于起步阶段，其"体育+"发展模式需要进一步深化。百丈时尚体育小镇要"以赛聚人、以赛造势、以赛生金"，通过开发环湖马拉松、环湖自行车、铁人三项、游泳、攀岩、露营、拓展等赛事，形成自

己的赛事品牌，持续扩大小镇影响力，增强百丈时尚体育小镇发展活力。

2. 加强体育产业与旅游业和生态农业的融合力度

受水源地保护的影响，旅游业和生态农业是百丈镇发展的支柱产业，但优势不突出，并在一定程度上限制了镇区的发展。在成立国家后备人才基地之后，镇区内有了固定的“客流”，在一定程度上也促进了旅游及生态农业的稳定发展，如何吸引“大众客流”成为小镇发展的关键。在进行一系列体育设施建设项目中，百丈镇在确保体育设施高质量完成的前提下，要加强对体育设施的绿化，在小镇的建筑格调及体育设施建设项目中，要与镇区周围生态环境相契合。在建设慢行道的同时，不仅要增强体育文化元素，而且要对慢行道两旁进行绿化，为徒步、骑行、马拉松等项目提供高水准的“绿色环境”。增加户外运动产品和养生产品的开发力度。依托百丈时尚体育小镇山地和水资源优势，开展户外露营、攀岩、赛艇、骑行、观光农业、水果采摘、采茶等休闲趣味活动，做到能吸引住人、留住人，刺激人员流动。

3. 增强区域间联合发展互动

区域联合建设在旅游业发展中表现比较突出，这样能使旅游资源形成互补，使旅游市场形成互动，能满足游客需求多样化的特点[1]。百丈时尚体育小镇已经被泰顺县人民政府列为重点任务来抓，这也要求泰顺县各级政府部门要积极联合文成县、寿宁县等县级人民政府，并积极协同司前畲族镇、筱村镇、洪口乡、新浦村、云湖乡等人民政府及社会各界共同推进无障碍参与体验体育特色小镇体育项目，共同策划和推广区域精品线路，增强区域的整体影响力和竞争力。

1.4.6 拓展体育休闲运动项目，满足大众多元化健身需求

首先，应积极吸引各种类型的组织参与休闲体育运动。从市场的角度看，休闲运动项目健康、安全保障系数高，亲近自然，能吸引学校、政府

[1] 吴琪琳．旅游区域联合作用探讨［J］．池州师专学报，2005，（03）：61－63.

部门、企业、家庭等各类群体的积极参与，可积极开展夏令营、亲子活动、户外拓展等休闲活动。

其次，积极拓展休闲运动项目。百丈镇人民政府组织、引导社会各界力量，开发健身休闲活动项目，如团队户外拓展训练项目、露营活动项目、科技拓展体验项目、技能训练项目、军事拓展体验项目、山地自行车活动项目、水上活动项目、野外生存项目等各种形式和类型的休闲活动项目，鼓励个人、团体不同类型的人群参与休闲健身活动之中。

最后，百丈镇人民政府一方面要使户外运动项目规范发展，避免恶性竞争，形成各项目有效互动融合发展；另一方面要加强对安全及生态环境的监管力度，保障休闲运动健康运营。

第6章　乡村振兴战略及体育特色小镇建设研究

1.1　乡村振兴战略中体育特色小镇建设机遇和挑战分析

乡村振兴战略体现了国家为实现全面建成小康社会的信心，具有鲜明的时代发展特征。因此在深刻领悟乡村振兴战略的内涵，把握好乡村发展机遇的同时我们也面临着严峻的挑战。

1.1.1　乡村振兴战略及体育特色小镇建设机遇分析

基于对我国乡村振兴战略和体育特色小镇的研究，依据新时代发展的特点，并在体育产业新政的基础上，我们需要认清当前面临的挑战，把握好发展机遇，才能更好地促进体育特色小镇良性、快速发展。

1. 当今农村居民体育文化活动凸显[1]

我国农村地域辽阔，地理环境、经济生活条件、社会状况和历史传统体育的差异形成了各具特色的农村区域体育文化。

改革开放以来，一些具有浓郁地方特色的传统农村体育文化和民间体育重现生机。传统的体育艺术形式和富有时代感的体育内容结合起来，形成了为当地群众喜闻乐见的体育文化项目。如各地方的健身秧歌舞、武术、龙舟、毽球、钓鱼、高跷、轮滑、漂流、滑水、滑冰、登山、攀岩、野外生存、野外徒步穿行等体育项目，这些丰富多彩的体育文化活动，既

[1] 奚凤兰，高中玲，杜志娟．生态文明背景下我国农村体育文化建设研究［M］．西安：西安交通大学出版社，2017：116－117.

富有传统地方特色，又具有现代内容，成为当地农民重要的体育文化活动。

随着市场经济的发展，我国农村体育文化产业发展迅速。从1988年在北京举行的第一届全国农民运动会开始，广大农民走上全国赛场。举办农运会最直接的受益者是广大农民，他们能从农运会的比赛中观赏农味十足且具有特色的精彩比赛，还更加深刻地理解到农村区域体育文化的内涵与健康的重要性。我国也是世界上唯一定期举办全国农民运动会的国家。

在农村生态旅游、乡村休闲度假等成为当代城镇居民体育文化消费热点的情况下，具有体育文化资源优势的农村区域体育文化产业获得了良好的发展契机，以现代体育旅游业为龙头和基础的农村体育文化产业近年来发展势头良好，已成为许多地区新兴的支柱体育产业。

开展丰富多彩、健康有益的群众性体育文化活动和体育精神文明创建活动，是农村区域体育文化建设的有效途径和重要载体。一些农村具有浓郁地方特色和民族特色的传统体育节会活动，如湖南岳阳的龙舟节、山东潍坊的风筝节、新疆哈萨克族的“纳吾鲁孜节”，以及广西融水的古龙坡会等，这些形式多样、独具特色的民族体育活动，集健身、娱乐、观赏、保健医疗于一体，具有较强的竞技表演性、娱乐观赏性、教育和文化传承性等价值，构成了我国独有的区域体育人文景观，是中华民族的体育文化瑰宝。

2. 我国体育产业发展[1]

从世界各国体育产业发展的成功经验来看，体育产业在经济发展到一定程度时就可能成为该国经济发展的一个支柱性产业。体育产业属劳动密集型产业，它不仅能为社会创造大量的就业机会，而且能对促进相关行业的发展起重要的作用，同时它还具有一定的社会效应。我们从以下几方面

〔1〕王景新，支晓娟．中国乡村振兴及其地域空间重构：特色小镇与美丽乡村同建振兴乡村的案例、经验及未来［J］．南京农业大学学报（社会科学版），2018，18（02）：17－26＋157－158.

分析认为中国体育产业发展的前景极为广阔。

（1）国家对新农村建设的大力支持为农村体育的发展奠定了政策基础

中共中央、国务院自2004年至2012年，连续九年把一号文件锁定在“三农”问题上，党和国家高度重视农村各项事业快速、稳定的发展。社会主义新农村建设是一项长期系统工程，其过程十分艰巨、复杂，涉及我国政治、经济、文化、社会等方面。农村体育文化对新农村体育的发展具有重要的导向和推动作用，同时也是新农村建设领域的一种意识形态，更影响着整个新农村建设的可持续发展。国家相继出台了一系列惠农政策，为新农村建设提供了良好的机遇。

（2）产业政策的调整提供了良好的机遇

由于我国正处于工业化过程中，从三种产业的结构来看，第一产业的比重将持续下降，第二产业的比重将有一定程度的提高，第三产业的比重最终要超过第二产业。第三产业将成为我国最具有潜力的产业。而体育产业中的本体产业是第三产业的一个重要组成部分。从产业结构的立法角度来看，体育产业不像某些产业会受到产业发展方向的限制，也不会受到日益关注人类健康问题的环境组织和消费者组织的责难。体育产业只会随着人们健康意识的增强和社会文明的进步而日益受到人们的欢迎。随着我国“奥运争光计划”和“全民健身计划”的启动和具体实施，体育产业作为两个计划的重要组成部分，将得到进一步的发展。各种运动项目将逐步朝社会化、产业化的方向发展。

（3）体育产业向社会化、多元化发展

随着我国加入世界贸易组织，国家宏观经济形势逐渐好转，国内产业结构的调整加速。产业结构的变化和资源配置的趋向合理将带来经济的增长，从而对体育产业形成一定的支撑和拉动。国家发展第三产业的政策导向将为体育产业的发展提供优惠的政策保障；而国际市场服务贸易的不断增长，则为体育产业提供了良好的市场环境，增强了体育产业对社会资金的吸引力，将社会上大量的资金引入。体育产业投资渠道的多元化，意味着体育产业将从主要由国家投资、产权结构一元化朝着非国有化和产权结构的多元化发展，体育产业将打破行业壁垒，实现真正的社会化。

（4）收入的提高为体育产业的发展奠定了坚实的基础

我们根据国家统计局的统计数据可知，改革开放以来，中国城乡居民人均可支配收入差距经历了“缩小—扩大—缩小”的循环。1978—1983 年城乡居民收入差距逐年缩小，由 2. 57∶1 缩小到 1. 82∶1；1984—2009 年城乡居民收入差距逐年扩大，由 1. 84∶1 扩大到 3. 33∶1；2010—2016 年城乡居民差距又进入逐年缩小阶段，由 3. 23∶1 缩小到 2. 72∶1，基本恢复到 1978 年的差别水平（图 6 – 1）。

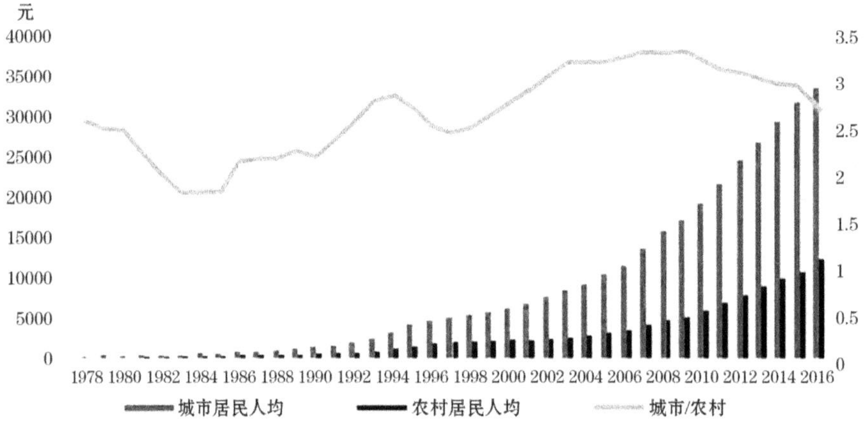

图 6 – 1　中国城乡居民人均可支配收入变化

衡量居民生活水平的一个重要指标就是恩格尔系数，改革开放以来，城市居民的恩格尔系数从 1978 年的 57. 5% 下降至 2016 年的 29. 3%，农村居民的恩格尔系数也持续下降，从 1978 年的 67. 7% 下降至 2016 年的 32. 2%。城乡差距经历了“缩小—扩大—缩小”的过程，至 2016 年，城乡恩格尔系数只相差 2. 9 个百分点（图 6 – 2）。

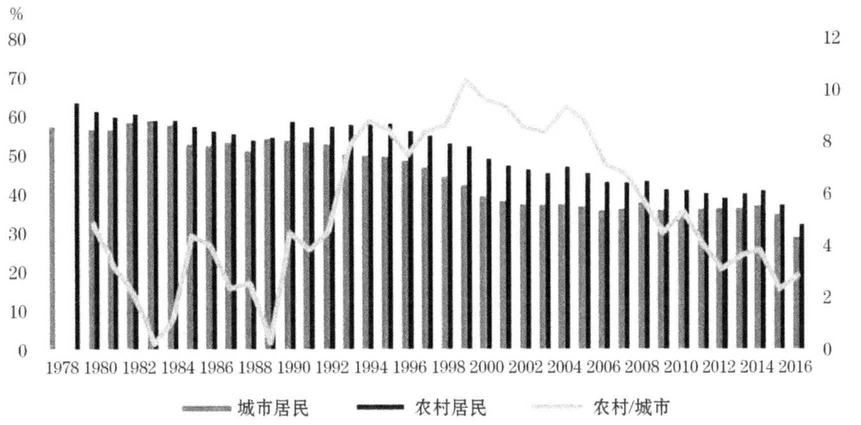

图6-2 改革开放以来中国城乡居民恩格尔系数变化

按联合国划分贫富标准，我国城镇居民的生活水平正由温饱型向小康型转变。人均收入的变化将引起消费者支出模式的变化，即当家庭收入增加时，家庭用于购买食物的支出相对减少，用于衣服、住房、燃料等方面的支出变动不大，而用于教育、卫生、娱乐、健身等方面的支出则显著增加。另外，由于我国家庭小型化，家庭劳务随科学技术的发展呈不断减少的趋势，再加上社会服务化水平的提高和五天工作制的实施给人们带来了更多的闲暇，这些有利条件从另一方面也刺激了人们对体育健身的需求。上述两方面的共同作用无疑将扩大体育用品市场的范围，为体育产业的发展奠定了坚实的基础。

1.1.2 乡村振兴战略及体育特色小镇建设挑战分析

长期以来，农村居民文化意识、农村的组织结构建设、农村的经济都是农村体育发展面临的主要挑战。

1. 文化因素[1]

实践证明，一个地区、一个民族绵延千百年积累起来的传统文化（包括传统体育文化），对群众体育活动内容的产生和发展、对人们体育健身观念的形成乃至体育健身方式的选择具有重要的影响。农民的体育文化活动参与意识不强，体育文化知识匮乏，由于政府重视程度不够，指导思想不明确，缺乏有效的组织管理，没能有效地引导农民转变思想观念，帮助他们增强健身、健心的意识，也没能经常开展一些小型多样的体育文化活动，结果就导致农民参与体育活动的积极性不高，尤其是体育文化活动更很少有人参加。要使大多数农民自发地、科学地、有组织地开展体育文化活动，政府的任务十分艰巨。事实上农村有其自身独特的优势，因为传统体育文化根植于广大的农村，它对民族的发展产生了深远的影响。

在中国，“劳心者治人，劳力者治于人”的思想深入人心，读书做官成为人们终生奋斗的目标，轻视劳动和体育活动的现象风行于世，体育活动被人们视为“玩物丧志”。在这种思想的影响下，体育活动受到整个社会的长期冷落。中华人民共和国成立后，人们对于体育的认识有了很大改变，但历史沉淀下来的影响不可能在短期内消失，它仍然影响着传统的中国人，尤其是生活在经济文化落后、交通信息闭塞地区的农民群众。长期以来，农村居民从事繁重的体力劳动，在相对封闭的环境中形成相对固定的生活模式或心理定势，“劳动就等于健身”的观念在农村居民中根深蒂固。加之本来就缺乏时间、技术、条件方面的支持，农村居民不可能经常参加体育锻炼。这些传统而又陈旧的观念成为农村体育发展的最大阻力之一。在这种观念下，许多农村居民宁愿把闲暇用在麻将桌上也不愿意参与体育锻炼。改善这种情况需要多方努力，政府充分发挥各种传播媒介的联合效应，让农村居民深刻认识到体育在提高其生活质量、营造和谐氛围中的作用。另一方面也要积极创造条件，使农民在日常生活中能够感受到或

---

〔1〕 奚凤兰，高中玲，杜志娟. 生态文明背景下我国农村体育文化建设研究［M］. 西安：西安交通大学出版社，2017：93－95.

亲身体验到体育文化特有的魅力。农村居民可以在浓厚的体育文化氛围中受到感染，产生对体育的兴趣，触发运动的激情，弥补农业劳动对机体锻炼的不足，全面发展其身体素质。

2. 经济因素

经济是社会发展的基础，也是群众体育发展的基础。群众体育的发展规模、水平和速度，很大程度上取决于经济发展水平，取决于经济发展所能为群众体育发展提供的物质条件，取决于经济发展带来的个人经济状况以及由此而引发的人的观念、思维方式和行为方式的改变。经济对群众体育的影响主要体现在以下方面。

（1）经济制约着体育经费投入水平

在我国，体育事业经费的投入是按照一定比例进行的。政府财政收入多，投入就相对多一点；收入少，给体育事业的投入就少，甚至没有投入。现阶段，我国县和乡镇两级财政普遍困难，要让乡镇人民政府将有限的经费大量投入体育事业，实在勉为其难。

（2）经济发展决定人们的体育需求

恩格斯把人类生活分为生存、发展和享受三个部分。人类只有在保证生存的基本生活资料——衣、食、住、行问题解决之后，才会追求生理和心理上的放松和享受。这种追求，正是社会不断进步、人们自身文化程度不断提高、生产力不断发展和人们余暇不断增多的结果。

3. 管理因素

《中共中央关于农业和农村工作若干重大问题的决定》（以下简称《决定》）提出了农业和农村跨世纪发展的三大战略目标，文化建设是其中之一。《决定》指出：在文化上，坚持全面推进农村社会主义精神文明建设，培养有理想、有道德、有文化、有纪律的新型农民。加强思想道德教育，倡导健康文明的社会风尚；发展教育事业，普及九年制义务教育，扫除青壮年文盲，普及科学技术知识；发展农村卫生、体育事业，使农民享有初级卫生保健；建设农村文化设施，丰富农民的精神文化生活。这就是农村文化建设的根本目标和具体任务。然而，地方政府重视程度不够，缺乏行政管理力度，在实施《全民健身计划纲要》、构建群众性体育服务体系中，政府本应重抓的三个环节（一是建设好群众健身场地，方便群众就地就近参加体育活动；二是健全群众体育活动组织，建立社会体育指导工作队伍和社会化的群众体育体系；三是举办经常性群众体育活动，丰富群众体育文化生活）却未能落到实处。政府没有有力的监督以及合理的安排，使农村基础设施建设仍难以满足村民的体育需求。近年来，农村体育设施建设严重滞后于农村小城镇的发展水平，健身场地设施严重不足，远远无法满足农民的健身需求，极大地制约了农村群众体育活动的广泛开展。

1.2 体育特色小镇建设供给侧结构性改革必要性研究

2017 年中央“一号文件”首次提出了“田园综合体”这一新概念，支持有条件的乡村建设以农民合作社为主要载体、让农民充分参与和受益，集循环农业、创意农业、农事体验于一体的田园综合体，通过农业综合体、农村综合改革转移支付等渠道开展试点示范。

这是加快推进农业供给侧结构性改革，实现乡村现代化和新型城镇化联动发展的一种新模式，是培育和转换农业农村发展新动能，推动现有农庄、农场、合作社、农业特色小镇、农业产业园以及农旅产业、乡村地产等转型升级的新路径，具有广阔的发展前景。

1.2.1 城乡一体化的新支点、新平台和新引擎

中央城市工作会议指出：“我国城镇化必须同农业现代化同步发展”，城市工作必须同“三农”工作一起推动，形成城乡发展一体化的新格局。

中央农村工作会议指出：“一定要看到，农业还是‘四化同步’的短腿，农村还是全面建成小康社会的短板。中国要强，农业必须强；中国要美，农村必须美；中国要富，农民必须富。”要形成以城带乡、以工促农、形成城乡发展一体化的新格局，就必须在广阔的农村地区找到新支点、新平台和新引擎。毫无疑问，体育特色小镇恰好是可以实现这一目标的优良

载体。

1.2.2 产业融合的关键突破口

供给侧结构性改革一直是体育产业转型升级的重中之重。2017 年 10 月，习近平总书记在党的十九大报告中指出："我国经济正处在转变发展方式、优化经济结构、转换增长动力的攻关期，建设现代化经济体系必须以供给侧结构性改革为主线，提高全要素生产率。"而融合体育、旅游、健康、文化、养生于一体的体育小镇则是实现体育产业结构升级的有力平台。通过建设体育小镇可以打造休闲产业链以及促进产业融合，形成运动休闲产业聚集区，有效改善我国体育产业的供给要素和供给结构水平，提高体育产业供给质量，扩大体育消费需求，促进体育产业发展。例如：北京丰台足球小镇以足球项目为龙头，建设大量足球场的同时，还建设了与之相配套的足球大厦、足球会议中心、足球风情街、足球博物馆、足球奥特莱斯等设施，发展与足球相关的教育培训、旅游观光、足球用品零售、足球会展等业务，使足球小镇在发展足球产业的同时，充分利用现有资源，发展与足球相关的产业，使得足球产业与教育、旅游、零售、会展等产业之间深度融合。由此可见，体育小镇对于资源的重新配置、新产品的开发、新服务的催生、新市场的开辟有着重要作用，同时对提高体育产业竞争力、增加就业、促进社会经济的发展都有着积极的价值，已经成为推动产业融合、促进体育产业供给侧结构性改革的新动力。

1.2.3 新农村建设的新样本

我国农村幅员辽阔，要实现"农村美、产业兴、百姓富、生态优"的综合效益，应该选择宜居的居住模式。但以往部分地区"赶农村上楼"的居住模式，并不能满足广大农民的宜居愿望，也不符合中国乡村自古以来的田园居住特色。

依托体育特色小镇，政府探索开发多元化居住模式，既可以保持其田园特色，又能实现现代居住功能。借助居住功能，体育特色小镇也将成为实现城乡基础设施和公共服务均等化的最佳空间。

1.2.4 高端人才聚集地

在我国现代化发展较快的地区，作为主要潮流的城市化，和非主要潮流的逆城市化是共同存在的。特别是在沿海发达城市，逆城市化的主要群体是高端人群。可以预见，在较为发达的城市，郊区化现象将进一步扩散。而中国人传统的“田园”情结，也将吸引越来越多的人选择乡村。

1.2.5 农民脱贫新模式

精准扶贫最重要的是赋予农民及其从事的产业自主“造血”的功能。体育特色小镇集聚体育产业和居住功能，让农民充分参与和受益，是培育新型职业农民的新路径。

第7章 体育特色小镇建设战略布局研究

1.1 体育特色小镇体育场馆短板及供给侧结构性改革研究[1]

随着我国从投资经济向消费经济转型发展，进入消费经济时代，作为“朝阳产业”的体育产业，其经济推动价值更加凸显，特别是国务院2014年10月20日发布《关于加快发展体育产业促进体育消费的若干意见》（以下简称《意见》）将全民健身上升为国家战略，加快推进全民健身国家战略组织实施。在中共中央、国务院建设“健康中国2030”伟大目标引领下，各级政府高度重视全民健身战略组织实施，积极有序推进全民健身发展，使全民健身服务供给进入新水平阶段，掀起全民健身高潮。但是，全民健身服务供需矛盾仍然很突出，全民健身服务水平、能力、方位与社会大众体育健身需求，特别是与建设“健康中国2030”伟大目标差距不小。在2015年11月10日召开的中央财经领导小组第十一次会议上，习近平总书记强调：“在适度扩大总需求的同时，着力加强供给侧结构性改革，着力提高供给体系质量和效率，增强经济持续增长动力。”[2] 按照习近平总书记“加强供给侧结构性改革”指示精神，深化全民健身服务供给侧结构性改革，培育全民健身服务发展新动力，优化全民健身服务结构功能和要

〔1〕 杨伟青，高宇飞．全民健身供给短板及供给侧改革研究［J］．吉林体育学院学报，2017，33（01）：17－22.

〔2〕 杨芳，马蕨．习近平为何九天两提“供给侧结构性改革”［EB/OL］．（2015－11－19）．http://politics. people. com. cn/n/2015/1119/c1001－27834311. html.

素配置，创建全民健身服务新供给体系，是推进全民健身国家战略向高层次发展的战略举措，对实现“健康中国 2030”伟大目标更具有深远意义。“我国居民的消费结构正在发生转变，对与人的健康生活和提高生活质量相关的服务消费品需求迅速上升，将刺激到大众体育消费”[1]。而体育消费愈旺盛，对供给侧的要求愈高，显然这就意味着政府必须从供给侧对发展型消费升级做好准备。

我国全民健身公共服务制度问题，并不是没有制度供给，而是制度供给不足和制度难以实施到位的问题[2]。因此，笔者从我国深化供给侧结构性改革维度出发，以实现“健康中国 2030”伟大目标为根本宗旨，以破解全民健身服务短板为导向，研究了我国全民健身服务供给侧结构性改革问题，提出基本设想和理论思考。

1.1.1 全民健身服务供给侧结构性短板分析

新时期农村体育发展是我国社会主义新农村建设的重要内容，是建设“健康中国”着重解决的突出问题，更是我国全面建成小康社会的重要环节。随着我国经济结构转型，特别是消费经济驱动发展，体育健身消费优势越来越凸显，体育消费市场发展空间巨大。体育产业近年来始终保持较快的增长速度，2014 年体育产业规模达到 13574.71 亿元，实现增加值 4040.98 亿元，占当年 GDP 的 0.64%。截至 2014 年底，全国经常参加体育锻炼的人数比例达到 33.9%。预计 2015 年底，我国人均体育场馆面积将至少达到 1.57 平方米[3]。但是，从我国体育产业发展总体来看，特别是健身体育消费短板明显，比如健身基础设施供给不足、体育健身指导人才短缺、健身体育赛事质量不高等仍然是突出存在的问题，并且严重影响

---

〔1〕 刘亮，王惠．供给侧改革视角下我国公共体育资源供需矛盾的消解与改革路径[J]．武汉体育学院学报，2016，50（04）：51－55.

〔2〕 张康平．全民健身公共服务供给侧结构性改革研究［J］．体育文化导刊，2016，（11）：11－14＋55.

〔3〕 曹彧，李雪颖．“十二五”时期是新中国体育发展史上重要且不平凡的五年［N］．中国体育报，2015－12－29.

体育消费发展的后劲和质量。特别是“我国政府长期对农村包揽式的自上而下的公共体育服务投入模式及后续组织和管理的缺乏，使得农村公共体育服务存在体育经费投入不足、体育场地设施建设不足、供给侧结构失衡等问题”[1] 尤为突出。

1. 健身场地设施供给不足，与全民健身发展需求差距巨大

体育基础设施是体育产业升值发展的决定性生产要素，我国体育基础设施，特别是体育场地设施短缺成为制约体育产业发展一大障碍。“根据2014 年 12 月公布的第六次全国体育场地普查结果，我国共有体育场地169.46 万个，人均体育场地面积仅为 1.46 平方米，而美国人均体育场地面积高达 16 平方米，日本人均体育场地面积更高，为 19 平方米，我国体育基础设施远低于体育发达国家的水平；在经常锻炼的人口中，47.3% 的人表示自己正在参加的健身项目与所期望的项目不一致”[2]，仅有的体育场地设施也存在结构不合理、配置不齐全、使用效率低等现象，体育基础设施供给严重制约着我国体育产业的发展。体育场馆设施短缺，主要原因是有效投资不足。我国当今无论资本市场，还是社会资本都富裕，而投资领域缺乏。在政策驱动下，2015 年，企业对体育投资的力度开始加大，使体育投资热度持续走高，到 2016 年热度不减，又有集聚趋势。但是，2015 年企业更多投资体育赞助、体育市场开发、体育赛事产权买断、体育传播权出让等，而很少有企业投资体育设施、体育场馆等。其主要原因还是土地资源短缺、土地成本过高等因素影响企业投资体育积极性，从而造成市场资本滞留现象突出，流入体育设施投资资金甚少。《意见》明确规定，到 2025 年“人均体育场地面积达到 2 平方米，群众体育健身和消费意识显著增强，人均体育消费支出明显提高，经常参加体育锻炼的人数达到 5 亿，

---

〔1〕 郑丽，张勇．农村公共体育服务供给侧改革协同治理路径研究［J］．沈阳体育学院学报，2016，35（03）：19－23.

〔2〕 网易．中国人均体育场地远低日美 全民健身任重道远［EB/OL］．(2013－10－15). http://data.163. com/13/1015/23/9B8VSH9C00014MTN. html.

体育公共服务基本覆盖全民”。如何实现这个目标，关键在解决体育场馆、体育设施建设土地供给不足的问题上，不解决土地供给不足、土地成本过高的矛盾，无法刺激市场资本投资体育场馆、体育设施的积极性和驱动力，没有足够的体育设施则直接影响体育产业发展。

2. 健身人才供给不足，健身指导无法满足健身运动发展

体育人力资源是体育生产要素的首要决定因素，没有充足的体育人力资源支撑就无法实现体育产业升级、体育消费水平升值，不得不承认的是，体育产业人力资源短缺、人力资源素质和质量不高是制约体育产业发展的最大矛盾。我国是人力资源大国，可是体育人力资源严重短缺是不争的事实。

首先，体育健身科学指导、体育健身康复人才严重短缺，与现代体育健身发展、体育健身消费上升趋势差距巨大，这将会严重影响体育健身运动健康、有序发展。

其次，竞技体育人才培养体系断裂。近年竞技体育人才选拔培养对竞技体育人才供给局面没有根本性改变。体育人才作为体育产业发展的主要资源，是推动体育产业发展的核心要素。以竞技体育后备人才为例，竞技体育后备人才短缺的问题是我国普遍存在的现象，但竞技体育人才的培养也不是一朝一夕的事情，不会立竿见影，它是一项长期系统工程，必须循序渐进，必须构建选拔培养结构体系，并按照发展竞技体育后备人才规律建设竞技体育人才梯队。从目前我国竞技体育人才体系来看，业余体校招生萎缩，培养体系已经断裂，新的社会化、市场化人才培养体系还未形成，学校输送竞技体育人才驱动力不足，仍处于摸着石头过河的阶段。再加上退役运动员安置率比较低、再就业难也是突出矛盾，面对这些体育发展的困境，现在的独生子女家长更不愿孩子加入职业运动员行列，承受大强度的体育训练，导致我国不断萎缩的体育后备人才队伍雪上加霜。

最后，体育经营型、管理型人才，特别是高端人才严重短缺。我国现有 15 所体育院校，据不完全统计，有 5 ~ 8 所体育院校开设公共事业管理

（体育管理方向）、市场营销（体育市场营销方向）、体育经济学及社会体育管理等专业，这些专业招生和就业形势都不理想，每年都列在最难就业专业名单中。其原因不外乎两点：一是我国体育发展社会化、市场化程度低，体育市场化就业不充分，体育创业创新机会更难；二是专业设计、课程设计、教学模式及质量与市场需求脱节，特别是全国体育院校体育市场营销、体育管理、体育经济、社会体育专业毕业生的实际操作能力、市场适应能力、政策认知和市场判断能力无法适应现在体育市场暴发式的发展趋势。《意见》实施一年多，取消赛事审批，足球改革推行协会与政府部门脱钩，鼓励体育市场主体多元化发展，体育市场活力暴发，体育产业人才需求集聚增量，但企业投资建设培养体育产业高端人才驱动力不足。高校，特别是全国体育院校人才培养结构改革没有实质性进展，更没有体育经营管理型人才培养创新举措，这无不说明我国体育人力资源开发与体育市场发展、体育产业发展需求相比明显滞后。从总体上看，体育经营管理型人才不仅总量短缺，而且结构性矛盾十分突出。

3. 高质量体育赛事供给不足，健身消费质量不高

党的十八届五中全会审议通过《中共中央关于制定国民经济和社会发展第十三个五年规划的建议》，明确提出以提高发展质量和效益为中心，加快形成引领经济发展新常态的体制机制和发展方式[1]。国家大力推进供给侧结构性改革，化解经济发展结构性矛盾，创新和发展机制，以提高全要素生产率重构经济增长新动力，不仅是体育产业发展的有效途径，也是保证经济持续健康发展，全面建成小康社会的战略举措。2014 年，国务院出台《意见》使体育产业投资呈井喷式发展，特别是 2015 年《中国足球改革发展总体方案》的出台更使体育产业发展如虎添翼，体奥动力（北京）体育传播有限公司以 80 亿元获得中超转播权，创造了历史；腾讯以 5 年 31 亿元拿下 NBA 新媒体独家版权；阿里巴巴注资 12 亿元购买恒大足球

[1] 网易．中国人均体育场地远低日美 全民健身任重道远［EB/OL］．(2013-10-15). http://data.163.com/13/1015/23/9B8VSH9C00014MTN.html.

俱乐部50%的股权，紧接着又趁热打铁成立阿里体育集团；万达集团则以6.5亿美元并购美国世界铁人公司100%股权，使我国首次拥有一项国际顶级赛事产权，这是体育产业投资驱动又一个新的标杆。2015年体育产业投资发展呈井喷态势，进入2016年，体育产业投资热度不减，苏宁、网易等企业加盟体育产业投资，这种社会资本力量进入体育产业，将不断提高体育产业市场化程度，充分挖掘出体育产业更大的市场价值，加快形成体育产业链，促进体育消费，推动经济结构优化和升级发展。但是，“目前我国体育产业对GDP的贡献率不足1%，体育产业尚未有效成为我国国民经济的支柱产业”[1]，扩大体育产业投资发展是体育产业发展的长期政策。再从全民体育消费来看，加大体育产业投资也是健身行业发展、促进体育消费发展的大趋势。《意见》取消赛事审批，实施全民健身国家战略，激发了社会力量举办体育赛事的积极性，各种体育赛事在数量上如雨后春笋般，增长速度惊人，甚至呈现井喷式发展，比如现在国内举办的各种马拉松赛事，“2013年我国共举办39场马拉松，超过75万人次参赛，参与全程和半程的达20万人”[2]，“2014年增加至53场马拉松，参赛人数近80万人”[3]。2015年，全国马拉松赛事达到130场之多，“2015年北京马拉松一共有6万多人报名，创造了国内全程马拉松报名人数的新纪录”[4]，“上海马拉松参与报名总数12万多”[5]。但是，我国马拉松赛事与日本、美国、德国等发达国家相比仍然存在较大差距，美国一年举办1000多场马拉松，德国一年跑步节有1000多场，日本一年也举办200多场马拉松，并

---

〔1〕冯红新．我国体育产业的发展策略［J］．体育文化导刊，2015，(03)：112－115.

〔2〕马拉松跑步．2013中国马拉松年会举行：共办赛39场人次超75万［EB/OL］．(2014－11－1)．http：//www. cgxm. net/qita/201411/384. html.

〔3〕中国路跑有待长远发展［EB/OL］．(2014－12－08)．http：//edu. gmw. cn/newspaper/2014－12/08/content_ 102598790. htm.

〔4〕凤凰网．北京马拉松报名人数超6万［EB/OL］．(2015－07－25)．http：//news. ifeng. com/a/20150725/4424 5624_ 0. shtml.

〔5〕中国新闻网．12.6万人报名上海国际马拉松［EB/OL］．(2015－10－10)．http：//www. sh. chinanews. com/news/20151010/1903035. html.

且美国、德国、日本马拉松享有国际影响力。从我国庞大的人口基数、体育消费群体来看，体育赛事仍然呈现供需不足的态势。同时，“价值流”（value stream）的快速流动性是体育产业的商业本质，生产与消费同步完成是体育产业的基本形态，体育产品的非物化、非空间化是体育产业的独特优势。更严重的问题是：体育健身服务发展结构问题突出是当务之急。共享是党的十八届五中全会提出的五大发展理念之一。体育发展如何实现共享发展理念，是“十三五”体育发展着力解决的问题。深化体育供给体系改革，国家级重点投资项目着重考虑农村、西部、偏远地区，突出扶持体育设施场馆严重短缺地区，以改革促进体育公平、均衡、共享发展。

一是体育赛事从粗放型向精细化、便民化发展，提升体育赛事社会效益和经济效益。政府加大体育产业科技投入，扶持“体育 +”互联网发展业态，提高体育产业科技化发展层次，促进体育企业集团化、园区化发展，形成体育产业线上线下联动、上下产业链融合发展，使体育产业结构更加优化、产值更加效能化，满足社会大众不断增长的体育健身需求。

二是着重解决体育消费市场信用体系改革问题，促进体育产业市场有序竞争健康发展。2015 赛季中超上座率创新高，达到场均 2.3 万人次，居亚洲之首[1]，这是来之不易的大好发展态势。取消赛事审批后，如何监管体育赛事安全发展，如何保证体育赛事市场有序竞争，是提高体育赛事质量必须解决的问题。我们认为应加强体育市场信用体系建设，以契约体系和诚信体系规范市场，保证市场有序发展。各级政府体育行政部门要加强体育市场体系建设，加强监控，严厉打击违法、违规行为，保护和促进蒸蒸日上的体育市场发展趋势，严禁再出现 2009 年足球腐败案类似的违规行为。诚信、信用，是体育赛事产品不可或缺的组成部分，没有诚信的体育赛事，是没有质量的赛事，更没有市场生命力。各类市场主体积极参与市场信用体系建设，合理推动体育市场有序发展。广大体育参与者，比如运

[1] 中国人均体育场地远低日美　全民健身任重道远［EB/OL］.（2013 - 10 - 15）. http：//data. 163. com/13/1015/23/9B8VSH9C00014MTN. html.

动员、健身群体认真执行法律法规，依法保护自身合法权利，严厉禁止违法、违纪行为，协同推动市场公开、公平、透明发展和进步。

1.1.2 体育特色小镇的全民健身服务供给侧结构性改革研究

“政府需要公平有效地将公共体育服务资源进行分配，同时还要兼顾不同领域、不同地方、不同角度和不同利益之间的公正协调”[1]。体育健身场地设施要素短缺、体育健身专业人才供给不足，是一直制约体育健身消费发展的突出问题，是必须加大力气解决的突出问题。因此，深化体育健身服务供给侧结构性改革，破解体育健身服务供给短板的瓶颈，是我国提高体育健身服务供给要素有效供给的必然路径。

1. 加快体育场地设施建设，补齐体育设施不足短板

我们要加快推动体育设施建设土地供给侧结构性改革，保障体育设施建设土地供给，降低建设体育场馆设施土地成本，促进体育设施投资发展。

一是加强体育基础设施投资，保障体育产业发展基础设施要素供给。我国实施供给侧结构性改革，既要适度加大投资，扩大总需求，又要增加有效利用，补齐短板，这是中共中央确定的2016年经济工作基调。随着经济下行压力加剧，在房地产去库存背景下，加强体育基础设施、体育场馆，特别是重点投资西部和农村的体育设施场馆建设，是保持经济中高速增长的战略举措。而且，在经济下行的情况下，投资体育基础设施建设，成本也是最低的，各种原材料成本、工资的成本都相对低，这样投资短期能创造需求，长期能提高企业利润、促进体育产业增长后劲、增加政府税收等，形成多赢局面。

二是各级政府将体育设施的土地供给纳入城市建设土地规划中，构建体育设施土地供给机制。随着城市化建设推进，我国对城市建设土地需求

---

〔1〕 李兵．基于善治理论的体育公共服务供给侧改革研究［J］．南京体育学院学报（社会科学版），2016，30（04）：54－60.

量越来越大，我国土地资源呈现供不应求局面。体育消费、体育产业作为国民经济的朝阳产业，保证一定量土地供给是国家产业政策体系的必备条件。但是，各级政府优先保证工业园区、保障性住房用地，涉及体育场馆建设用地所剩无几，时常遭到大量删减。在经济新常态下，各级政府要转变观念，把体育产业土地供给作为重要任务，建立体育产业土地供给长效机制，保证为体育场馆、体育设施提供足够的土地供给，为实现 5 万亿产业规模发展目标创造条件。

三是降低体育设施建设土地成本，吸引社会资本投资建设体育场馆设施。首先，认真贯彻执行《财政部、国家税务总局关于体育场馆房产税和城镇土地使用税政策的通知》[1]，免征国家机关、军队、人民团体、财政补助事业单位、居民委员会、村民委员会拥有的体育场馆的房产税和城镇土地使用税。对符合减免条件的经费自理事业单位、体育社会团体、体育基金会、体育类民办非企业单位拥有并运营管理的体育场馆的房产税和城镇土地使用税给予免征，降低土地费用，减轻投资体育产业企业场馆运营成本，保证发展新动力。其次，各级政府要安排财政预算专项资金，用于回收低效用地，如三改一拆闲旧厂房，边角地、夹心地、废弃地等，不改变土地产权，廉价出租给体育社会组织和机构，主要用在建设体育基础设施上，发展体育产业，力争改变目前体育场馆设施供给不足的状况。

2. 加强体育健身人才建设，提高体育健身科学发展水平

一是高等院校要认真贯彻落实《意见》，积极推动培养体育人才工作。《意见》明确鼓励有条件的高等院校开设体育产业专业、运动康复等健身指导专业，采取多种渠道，积极培育体育产业人才。体育院校科学论证现有体育产业专业设置，调整和创新课程结构，提高教学质量，创新教学模式，发挥体育人才培养中体育院校主体作用。高校在培养体育产业人才

---

[1] 财政部，国家税务总局．财政部 国家税务总局关于体育场馆房产税和城镇土地使用税政策的通知［EB/OL］．(2015－12－17)．http://szs.mof.gov.cn/zhengwuxinxi/zhengcefabu/201512/t20151231_1640427.html.

上，不能搞重复建设，更不能重复陈旧教学模式，要以创新驱动为新动力，以体育市场需求为导向，以国外名校联合、承接社会组织委托、衔接市场定制为主体的多种形式培养体育产业人才，逐步形成以高校为主体，以社会和市场为主导，以多种路径培养为格局，改变体育产业人力资源供给不足的局面，促进体育产业人才有效供给水平得到改善和提升。

二是创新体育人才培养模式，实施社会力量参与体育产业人才建设的战略。政府、高校、企业协同参与体育健身人才建设工程，协同发展体育产业、体育健身、体育经营等人才建设和发展，推动体育产业人才建设立体式、多元主体化发展，逐步形成以多元主体协调培养人才建设体系，提高体育产业人才有效供给水平。

三是建立体育高端人才创新创业产业园，搭建体育健身产业高端人才创新创业服务平台。各级政府部门协同合作，创建跨界、多产业融合的体育健身产业创业园，集聚体育高端人才创业创新，集聚体育高新技术孵化，促进体育产业高端人才、高端技术协同集聚、协同创新，合理推动体育产业发展，使我国体育产业人力资源建设向高端化、高层次化发展，改变体育产业人才结构的失衡性。我们在体育健身产业人才建设上不仅要注重培养、使用环节，还要重视吸引、引进，努力构建创新体育健身产业人才储备机制，积极引进国外体育健身产业人才智力和高端人才团队，建设人才智库，为体育健身健康产业可持续发展提供智力支撑和力量。

四是改革体育赛事供给质量体系，增强全民健身消费持续增长新动力。国家推进体育产业供给质量改革，为广大消费者提供优质产品。“质量成为提升供给力和理顺供需关系的关键，重拾人们的消费信心，必须发展质量”[1]。政府加强体育健身、体育健康经营企业管理模式创新，生产制造倡导绿色环保、讲究质量品质、重视体育文化内涵的体育制造业产品。以坚持质量为本、以提升品质水平为发展原则开发体育品牌赛事、精

---

〔1〕 赵文斌．供给侧改革的关键在于良性的质量发展［EB/OL］．（2015－12－07）．http://www.cqn. com. cn/news/zggmsb/diyi/1100006. html.

品赛事，注重体育赛事便利化、精细化、品质化发展，满足大众体育赛事需求。鼓励大众积极参与全民健身运动，注重推动全民健身体育消费方式由生存型、传统型、物质型向发展型、现代型和服务型转变，从而推动健身理念与健身实践联动发展，让体育成为人们的生活方式，促进人的发展和享受。

1.1.3 全民健身供给侧结构性改革的价值研究

中共中央经济工作会议确定2016年经济工作总体思路是："宏观政策要稳、产业政策要准、微观政策要活、改革政策要实、社会政策要托底。"[1] 宏观政策要稳、产业政策要准，就是国家要在适度扩大总需求的同时着力加强供给侧结构性改革。体育健康产业投资趋势进一步加大，在这一点上体育产业政策要准。体育健康、体育健身产业的特征决定了我国体育健身消费不会产能过剩，更不会出现库存问题。只有投资拉动，扩大规模，提高效益，才能促进体育健身、健康产业规模化、层次化发展，才能提升健身消费质量效益，从而带动消费层次发展，实现体育产业成为国民经济新的增长点的目标。然而，如何扩大体育健身、健康产业投资发展，不能仅仅热衷体育赛事、体育市场赞助、体育传媒权出让，而应加快体育健康人力资源开发、加大体育基础设施建设，补齐短板，增加健身服务水平供给侧结构性改革，是体育健康产业发展的必然趋势。因此，全民健身服务供给侧结构性改革，首先对发展全民健身发展水平、促进体育消费和体育产业发展具有最直接的提升价值；其次对提高全民健康水平，发展全民健身国家战略，实现"健康中国2030"目标具有深远的战略价值。

目前我国全民健身迎来消费时代，面临着巨大的发展机遇，政府政策引导力、企业市场投资驱动力、上下产业链融合协同力都为体育健身健康产业超常规发展创造了良好的条件。但是，体育健身服务生产要素短缺、供给质量和水平不高、消费市场波动等问题严重制约了全民健身水平的发

---

[1] 赵博．中央经济工作会议在北京举行［N］．新华网，2015-12-22.

展。根据习近平总书记提出的“供给侧结构性改革”创新理论，按照党的十八届五中全会五大发展理念，政府应持续强化体育产业投资积极性，深入推进体育健身服务供给侧结构性改革，提高全民健身服务要素质量，化解全民健身服务结构性矛盾，创新全民健身供给发展新制度体系，促进全民健身事业发展迈上新台阶。总之，体育产业供给侧结构性改革是在当今国家经济政策下的时代要求，是目前发展现状的内在要求，是在“互联网+”大环境中的一种必然趋势[1]。

1.2 体育特色小镇文化协同发展战略研究[2]

随着我国城镇化建设的加快推进，新农村体育文化建设也出现快速发展趋势，但是新农村体育文化建设面临新的挑战，如传统民俗文化与现代化城市文化的冲突与融合显得尤为突出，存在“内卷化”[3] 现象，这是在新农村体育文化建设中必须要高度重视并应加以解决的问题。因此，加强新农村体育文化研究，对促进体育文化多元结构协同发展具有现实意义。

1.2.1 体育特色小镇文化结构及特点分析

当代新农村体育文化是由传统文化与现代文化、乡土文化与都市文化、东方文化与西方文化、大众文化与特色文化构成的多元结构体系，这种多元主体相互交织、相互交融、相互竞争，甚至相互排斥而存在，新农村这种多元文化结构伴随城镇化发展而长期共存。因此，实现新农村体育

---

〔1〕 殷俊海．体育产业供给侧改革的方向［EB/OL］．(2016－04－22)．http://industry.sports.cn/news/others/2016/0422/165257.html.

〔2〕 杨伟青．新农村体育文化多元结构与协同发展路径研究［J］．北京体育大学学报，2017，40（11）：10－15.

〔3〕 内卷化，是人类学理论范畴，意指事物的发展陷入停滞状态，难以实现效率的提升和效益的突破。学者黄宗智和杜赞奇将其引入中国乡村研究。所谓“内卷化”指不能很好地实现预期意图，难以实现“实质”突破的路径徘徊状态。从这个意义上讲，我国新农村体育文化建设在维护村庄传统文化本位与外来体育文化、营造新农村公共空间及调节农民个人意义等方面出现了治理“内卷化”状态。

文化多元结构协同发展目标，不止关系到体育文化发展，甚至会影响新农村建设和城镇化发展大局。

传统文化与现代文化是现代新农村体育文化的两大主题，虽然传统体育文化与现代体育文化差距巨大，但它们贯穿整个城镇化过程，始终是现代新农村体育文化发展中必须解决的核心问题。现代体育文化，必须在传统体育文化基点上发展和进步，传统体育文化也必须融合在现代体育文化中，并加以传承。乡土文化与都市文化是新农村体育文化的发展土壤，有乡土体育文化才有传统体育内涵，有都市体育文化才有现代体育蕴意，没有乡土文化和都市文化底蕴则无法发展和传承传统体育文化，更没有现代化体育文化可言。东方文化和西方文化是新农村体育文化的宽度，东方文化是我国体育文化的底色，丰富而厚重，而随着改革开放的发展，西方竞技体育文化大量涌入我国农村，成为现代农村人学习和习练的热门运动项目。当然，东方体育文化和西方体育文化之间存在着观念理念、价值判断、操作层面的差距，甚至还存在相互碰撞或冲突。但是，不可否认它们仍然相互依存、相互影响，这是由于新农村体育文化发展需求多元化决定的，它们之间无所谓好与不好，只存在适合与不适合。大众体育文化与特色体育文化，是现代农村体育文化的两大形态，大众体育文化是普遍的消费文化，特色体育文化是时尚精英群体的消费文化。农村体育文化既是一种文明成果，也是一种实践过程，这一实践活动的特殊性就在于它是通过农民有意识、有计划、有目的的身体活动来创造的一种精神产品。在物质生活水平极大提高的同时，制度文化、精神文化建设的滞后发展，显现出与社会发展不相协调的一面。

随着城镇化建设的推进，农村传统的地域范围、思想意识、行为规范等均快速地与城镇接轨，但硬性的接轨并不代表文化层面的深度融合，特别是新农村体育文化多元结构协同发展成为突出问题，生活地域与城镇文化之间的矛盾、传统意识与城镇意识的矛盾、行为要求与传统惯性之间的矛盾等都是制约我国新农村建设的要素，由此而产生的各种文化冲突也在客观上要求多元文化的协同发展，这不仅是推进农村现代化的远景目标，也是在整个农村文化发展过程中必不可少的重要方面。

同时，新农村体育文化这种多元结构（图7－1），呈现出如下特点。

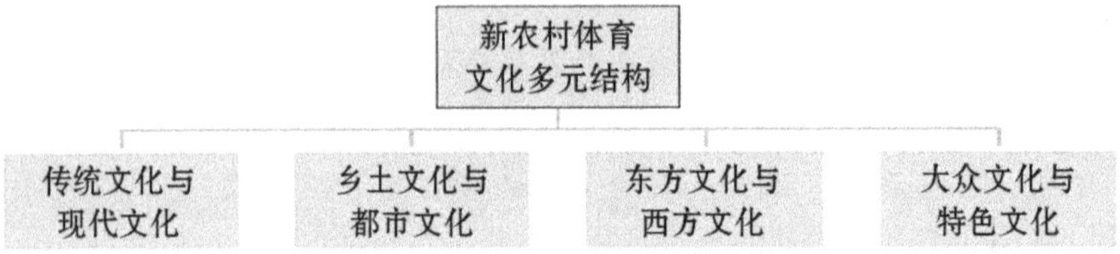

图7－1　新农村体育文化多元结构图

1. 体育多元文化的共存性

农村体育多元文化具有共存性，共存性时期使农村文化成为多元化结构。随着新农村建设步伐和农村城市化进程加快，农村人的生活方式也发生着变化，个性化、多样化需求加剧，这必然使包括体育文化在内的农村文化形态发展呈现多样化趋势。同时，农村向城市化发展为外来文化、现代文化、互联网文化发展创造了便捷条件。所以，在农村现代化、城市化进程中，农村人不仅需要传统的村落体育文化，还需要现代化新型时尚体育文化，体育文化多元化结构是现代农村城市化发展趋势决定的，更是现代农村人所追求的新型生活内涵所决定的。浙江省凯易路马术俱乐部，按国际马联标准建设了盛装舞步室外训练、比赛场地，室内训练馆、马房和对外开放的综合会所等，现有30多匹纯种进口赛马，是唯一代表浙江省参加了四届全国全运会比赛的马术俱乐部。凯易路马术俱乐部不仅经营马术训练和竞赛，而且面向周边农村及城市广大青少年马术爱好者，每年寒暑假举办马术青少年训练营（近5年各种青少年马术培训达10多次，青少年累计参加达到500多人次）和“骑马观花”（当地乡镇是著名花卉之乡）体育旅游活动，很受社会各界欢迎，对推广马术文化发挥了积极作用。农村体育多元共存是指各种文化形态都有平等的生存权利和发展空间，它们应该是共生、共荣，和谐、可持续发展的，城镇化是农村体育文化多元化的基础和前提。

2. 体育多元文化的稳定性

稳定性也是体育文化多元化的显著特征。体育文化多元化作为文化发展的大态势，以多元文化的共存与发展为前提。农村的村落体育文化、传统体育文化是随着民族发展而产生形成的。每一个民族在其漫长的繁衍和发展历程中为适应各自的生存环境，生成和发展出了自己的一套价值观念和生活方式，即各自的文化，如汉族太极、武术等文化，再如我国民族体育文化，如蒙古族摔跤、马术等，传统体育文化已经扎根民族血液，成为民族文化的基因。当然，民族文化发展都有一个不断吸收和包容现代文化、外来文化的过程，比如年轻人喜欢现代西方竞技文化、互联网健身文化，这也是与农村社会经济发展共同进步的。

3. 体育多元文化的共融性

在现代农村体育文化多元化的过程中，处在同一时代、同一文化体系中的体育多元文化形态各自具有鲜明的民族特色、时代性，但各种体育文化形态之间具有共融性，都具有大众休闲娱乐健身价值，它们之间进行着相互交流和相互作用。在相互包容、相互融合的过程中，每一种体育文化形态都按照自身的价值观念和标准进行自主的选择，吸纳来自异质文化的精髓，不断丰富和发展自己，为农村大众创造健身平台发挥各自的优势和价值。因此，农村体育文化多元化发展在任何时候都是一个动态的、开放的、不断变化着的系统，它的发展和壮大永远离不开与其他文化的交流、包容、沟通和传播。

从以上特点我们能看出，这些多元结构的特性决定了现代农村文化多元结构必须协同发展，否则无法实现体育文化传承和创新，甚至很难保持可持续发展。因此，我们研究现代农村体育文化多元结构协同发展路径具有战略性和前瞻性，对促进新农村建设，提高农村全民健身水平具有深远意义。

我们必须要考虑新农村体育文化与大文化发展，也就是新农村体育文化与全社会整体文化发展的关系问题。首先，新农村体育文化是新农村大文化的组成部分，没有新农村大文化的接纳、包容，就没有新农村体育文化的发展空间布局，同时新农村体育文化发展也使新农村大文化进步和增色。任何文化都是多因素融合体，体育文化也不例外。因此，新农村体育文化与新农村大文化相互融合、包容、共荣发展是不可阻挡的大趋势。其次，新农村体育文化与全社会整体文化发展也是相互促进、融合发展的。全社会整体文化的开发、包容、多元发展，为新农村体育文化发展创造了有利的大环境，特别是建立协同发展体制和机制，保证了新农村体育文化有序可持续发展。新农村体育文化发展促进了全社会整体文化发展，为全社会整体文化发展注入了新要素和动能。大城市与新农村也一样，城市加大其文化下乡的力度，让城市文明深入农村，同时，农村应大胆向城市输出农村文化，进行双向互动活动。新农村体育文化和全社会整体文化，是个双向互动发展的有机体系，没有全社会整体文化，就没有新农村体育文化环境和保障。同样，没有新农村体育文化，全社会整体文化则发展乏力，无特色和缺乏活力。最后，我们不可否认新农村体育文化、新农村大文化以及全社会整体文化之间的差异性，因为不承认不同类型文化的差异性就是否定文化特性，由于存在文化差异性、多样性，社会才丰富多彩、色彩斑斓，这也是任何形式文化存在的价值所在。

1.2.2 体育特色小镇多元体育文化协同发展的理论基础

协同理论（synergy theory）起源于 20 世纪 70 年代，作为一种系统理论，其研究内容主要是指一个相对封闭的系统在与外界产生物质与能量交换的情况下，通过系统内部相互联系的系统要素之间的相互协同，共同完成物质的核心目标。我国新农村多元体育文化存在的诸多方式中，各自承担着不同项目、不同领域、不同阶段的培养任务，也存在着相互竞争和互补的关系，各个培养方式如何在竞争中共同发展，如何相互协同互补，是值得研究的重要课题。

体育多元文化协同具有多重内涵，它以多种文化相互融合促进的方式，实现不同种类体育文化之间的协同、不同区域间的文化协同、不同组织形式体育文化的协同等诸多方面。多元体育文化的发展适合协同发展理论，可以运用协同发展理论将体育多元文化作为系统发展的变量参数，在此基础上建立适合新农村建设的文化约束和发展机制，最终实现新农村建设中体育文化的多元协同，实现新农村体育文化资源的效应机制，从而满足群众的不同文化需求，并在现实中实现新农村体育文化的协同发展。

在传统农村体育文化、城镇体育文化、社区体育文化及各种外来体育文化的共存中，我们需要对有利于农村建设和人们文化生活的主流文化进行保护，也需要对外来文化的优势进行吸收，这种多元文化在一定基础上需要共存互动，也需要去伪存真。从文化研究的角度看，多元文化是协同建设的主体要素，相互间的关系也适合用协同理论去解释和说明，在理论与现实两个方面，需要研究者运用协同发展的理论对我国新农村体育文化的发展进行研究。

1.2.3　体育特色小镇多元文化协同发展机制构建

建立新农村体育文化多元结构协同发展机制（图7－2）是实现协同发展的根本保障，如果没有价值、组织、制度等机制的保障，实现协同发展就是空谈。

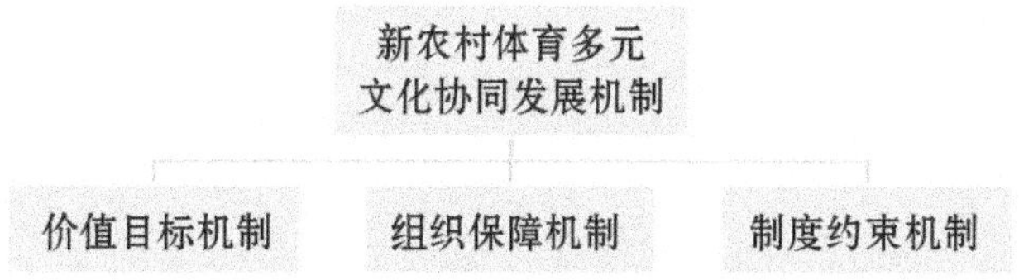

图7－2　新农村体育多元文化协同发展机制图

1. 体育特色小镇多元文化协同发展价值目标机制的构建

参与体育运动群体意识，特别是价值目标决定文化方式选择。也就是体育文化参与群体的价值目标决定参与行为选择是在我国新农村体育文化协同发展过程中必须要考虑的因素之一，它不仅决定着不同体育文化共存发展的文化目标，而且影响着文化活动的组织方式。由于传统民俗体育、城镇体育、社区体育、企业体育、学校体育的群体不同，其群体意识也不相同，因此，在新农村体育文化协同发展的过程中，群体意识是决定其协同广度与深度的基础影响因子，是新农村体育文化协同发展的基础条件。所以，构建包容的、开放的、和谐的体育参与价值目标是体育文化多元化发展价值目标的支撑机制，没有共同价值目标的体育文化多元结构便失去了共认性、共存性，甚至相互冲突和矛盾加剧，无法保证可持续发展。

新农村建设中，农民的身份转移和角色定位是新农村体育文化价值目标确立的影响因子。一是在与城镇接轨和融合的过程中，民众对新农村多元体育文化认同的程度较低，绝大多数人认为体育就是锻炼身体，更谈不上体育的文化性；二是只重视与理解本土文化，将乡俗意识作为最重要的文化意识；三是农村传统的、长期形成的生活方式与观念也阻碍他们接受新鲜事物，使得农村体育文化精神层面的工作难以进行，对农民体育价值观的教育和宣传工作也进展缓慢。因此，政府应加强新农村体育文化的宣传和引导、实践操作、意识引导，用思想指挥行动，以促进新农村多元体育文化的可持续性发展。

2. 体育特色小镇多元文化协同发展组织保障机制的构建

人类进入现代社会与过去的最大差别是组织规则和形式的多样和有效。当前新农村多元体育文化的组织形式，主要存在政府组织、社会组织、企业及家庭等多种形式。由于政府管理方面没有明确我国新农村体育文化发展的长期战略目标和组织过程，农民对从事体育文化活动还存在着体育文化知识匮乏的普遍现象“农村体育文化只是单纯的健身活动”，是普通农村居民，乃至普通体育工作者的一般认识，“从农村实际来说，农村传统的、长期形成的生活方式与观念难以在短期内进行改变”。在实际工作中，管理层面往往注重物质文化建设，轻视或者忽视组织形式，其原因一是物质层面的工作能够看得见、摸得着，上级容易以此对工作进行考核；另一方面就是农村基层的体育指导者数量匮乏和他们对农村体育组织形式的重要性认识严重不足。因此，在新农村多元体育文化共存和相互交织的情况下，农村通过多种有效的组织形式开展适合当地实情和发展趋势的体育文化活动，加强各个文化单元间的深度融合，加强体育文化活动的实践感知和文化认知，是我国新农村体育文化协同发展的重要工作，也是新农村体育文化协同发展的组织基础。同时，加强体育社会组织建设，为体育多元文化发展发挥其积极推动作用。支持和鼓励企业和家庭积极参与新农村体育文化建设，为体育文化多元化发展提供更多平台和渠道，促进体育文化多元化发展。

3. 体育特色小镇多元文化协同发展制度约束机制的构建

正确的政府导向和与实际情况相适应的文化实践，辅以科学的、符合当地地域特点的制度保障，是影响新农村多元体育文化发展的重要因素。在多元文化融合不足的情况下，政府不仅要照顾主流体育文化、特色体育文化、传统体育文化的发展，而且要兼顾外来体育文化、互联网体育文化、新型时尚体育的发展。除了乡土意识的约束之外，制度在平衡彼此差异方面的功能显得尤为重要。制度建设可以为农村传统体育文化发展注入新鲜的血液，以理性设计保证农村体育文化的科学发展。

在新农村多元体育文化协同发展方面，制度约束的另一个作用就是要以探索有限资源和满足更多需要为宗旨，促进新农村体育的主流文化科学发展、特色文化突出发展、异同文化共存发展，以实现多元文化的协同发展为目标。符合地域特点的体育文化发展的制度约束是新农村多元体育文化协同发展的保障机制。

新农村体育文化多元结构协同发展的价值目标机制、组织保障机制、制度约束机制是一个有机整体。首先，价值目标机制是引领，是价值导向体系。价值目标机制是新农村体育文化的出发点和落脚点，没有价值目标机制就没有新农村体育文化的发展方向和动力。我们将全民健身计划上升为全民健身国家战略，就是要提高全民族身体素质和健康水平，建成“健康中国”，实现振兴中华民族的伟大中国梦，这是根本目标和最终实现价值追求，如果没有目标，实施全民健身国家战略就是空谈。其次，组织保障机制是根基，是保障条件体系，是达到或完成价值目标机制的根本条件。我们推进全民健身国家战略，必须深化体育体制改革，彻底破除推进全民健身战略体制和机制障碍，加大财政资金和人才投入，没有财政资金和人才投入则无法实现全民健身战略目标，无法完成“健康中国”任务，不能保障实现全面建成小康社会。再次，制度约束机制是运行监控机制，是完成价值目标机制的根本举措。仅有组织保障机制和有利环境不一定能完成新农村体育文化多元协同发展目标，必须有相应对策和举措。全民健身国家战略、“健康中国 2030 纲要”具有详细指标体系，各级政府必须将全民健身国家战略、“健康中国 2030 纲要”指标体系进行细化和分解，落实负责人，进行目标考核和进度督查，保证如期完成各环节任务和目标，保障其顺利进行。所以，新农村体育文化多元结构协同发展的价值目标机制、组织保障机制、制度约束机制是个有机整体，它们协同推进，互动发展，发挥联动效应。只有这样，才能促进新农村体育文化多元结构协同发展，才能实现全民健身战略目标，才能实现建设“健康中国”目标，才能全面建成小康社会。

1.2.4 体育特色小镇多元体育文化协同发展的路径

目前，全国各地以社会主义新农村文化建设为契机，拓展乡村公共空间并提升价值生产能力。以社会主义核心价值观传播为基础，政府对农民的价值认知进行教化、调节。创设文化专项资金并对接到乡村文化组织，发展内生型文化和民俗民族文化。这些做法，对我们建设新农村体育文化具有积极借鉴价值。

新农村多元体育文化的协同发展，其实质就是要保持多元文化的共存与融合，彼此在共存发展的过程中吸收其他文化的优点与经验，以达到共存、互动、独特、传承的目的。体育文化的发展与其他事物的发展一样，也需要有具体的发展目标、明确的管理主体和理性的组织方式。我们将从建立和优化公平竞争平台，大力传承传统和特色体育文化、鼓励和倡导新型时尚体育，融合发展格局等方面探索农村体育文化多元结构发展的路径。

1. 优化发展环境，建立农村多元文化协同发展平台

新农村体育文化发展保障体系是一个多元素有机组合的整体系统，保障体系的构建是新农村建设和构建和谐社会的需要，如农村体育文化的经济与基础设施保障体系、农民群众体育文化精神需求保障体系。首先，新农村建设是在政府导向下开展的一项工程，政府的扶持政策和物质资源合理转移与有效利用，是新农村体育文化建设的物质基础，也是新农村体育文化协同发展的根本保证。特别是资金投入保障，这是最根本的要素之一。政府没有资金投入很难保障建成新农村体育文化。政府以资金投入和引进社会资本相结合的方式建立“新农村体育文化建设基金”，保证基金可持续增长，为新农村体育文化建设和发展提供物质保障。其次，政府要建立公平、透明、有序竞争的平台，这是农村多元文化发展根本路径，更是政府推动农村多元文化建设的责任和义务。政府导向作为一种行政行为，不可避免地会成为文化建设的指导行为，特别是在新农村建设的初期，政府行为及政府导向必然会是一种主体行为方式。民众认为体育文化是“看不见摸不着”的东西，加上缺少专门的体育指导站、体协、体育俱乐部以及专门的农村体育管理人员，农民只能在新农村建设中被动地接受传统习俗的熏陶，对新农村多元体育文化难以认同。最近几年政府虽然通过中国体育彩票和企业赞助等渠道对农村体育的场地器材投入有了明显的增加，如政府专门开辟健身场所和一些简单体育器材的安置，大的村落有了健身路径或健身广场，农村体育条件得到改善，但还是不能完全满足村民的体育文化需求。同时，各级政府要强化责任意识，优化发展环境，使农村体育文化发展环境更加公平、更加透明、更加有序竞争，保证各种体育文化主体、各类体育文化形式共同参与农村体育文化建设，协同推进农村体育发展，为广大农村老百姓提供更优质、更便捷、更科学的健身娱乐体育产品和服务，提高农村全民健身水平。如浙江省温州市瓯海区（该区

13个街道中有12个是原来的乡镇）抓住“三改一拆”（指深入开展旧住宅区、旧厂区、城中村改造和拆除违法建筑）大行动的有利契机，在浙江省首次系统推出全民健身工程“拆后利用”建设项目。2013年出台《瓯海区全民健身工程“拆后利用”建设项目实施方案的通知》。截至2016年12月全区各镇街共上报全民健身工程“拆后利用”建设项目20项，审核和勘查通过10个全民健身“拆后利用”建设项目，目前已经完成建设投入使用7个项目，共涉及拆后用地40233.4平方米，资金总投入1660万元，其中游泳池项目4个、健身广场项目1个、网球中心1个、足球公园1个；所有完成建设的项目均已投入使用，年受益人数多达27万余人。

2. 积极采取有效方式，推动农村传统特色体育文化传承和发展

习近平总书记高度重视传统文化发展。传统文化是我们民族的血脉，传统特色体育文化是农村体育文化的根基。挖掘传承优秀乡村传统文化，利用优秀乡村文化的影响力，有利于新农村文化的繁荣和发展，有利于广大农民重振乡村的精神的凝聚，有利于广大农民重新树立对文化的信仰，增强其自身的自豪感。村落体育文化、民俗体育文化的目标更多的是体现本民族的地域文化，而现代体育文化更多的是以人际交往和健身强体为目标。如浙江省温州市龙舟文化历史悠久，文化底蕴深厚。据明万历《温州府志》载“竞渡起自越王勾践，永嘉水乡用以祈赛”，温州龙舟竞渡至迟在宋朝时已很流行。在温州农村水乡地区每村都有龙舟队，现在登记在册的有1400多条传统龙舟。每年端午节赛龙舟是温州人的生活习俗，农民将龙舟大赛喻为当年风调雨顺的风向标，通过端午节龙舟赛的热闹、喜庆祈愿当年是个丰收年。传统文化是我们的生存底色，不能不传承。当然，不同民俗体育文化的表现方式不同，其核心运作行为也不尽相同。虽然不同的体育文化在符号标识方面并不相同，但是体育文化具有共同的发展目标，即健身、娱乐、休闲，特别是外来体育文化、现代体育文化、互联网体育文化必须扎根或依赖传统体育文化，没有传统体育文化土壤它们将无法生存和发展。分析单个体育文化的发展历程，有的是伴随着传统的民俗行为和民俗习惯逐渐形成的，有的是在现代体育文化的引入和移植中形成的。因此，在新农村建设中，民俗文化、现代城镇文化、社区休闲文化、企业体育文化、学校体育文化等诸多文化主体间存在着千丝万缕的联系，有的彼此支撑，有的彼此约束。原始的、单一的传统体育文化丰富了体育文化更多的内涵，如何在这种共存发展中梳理其共同点和提炼其特色，是发展目标协同中必须要解决的重要环节。

新农村多元体育文化的发展虽然各不相同，但由于其生存与发展的土壤共性，其发展目标又或多或少的存在着相同的特点。梳理各个体育文化的目标发现，活跃文化生活、促进群体交往、促进身心健康等是其共性目标，不管是城市文化还是农俗文化，其发展目标的协同，是我国新农村多元体育文化协同发展的重要内容。实现我国新农村多元体育文化的资源共享，形成对传统民俗特色的文化保护，从制度上完善对多元文化的官方支持，完成不同文化间的信息互动，是达到新农村多元体育文化路径协同的重要要求。

3. 积极鼓励和倡导新型时尚体育，时尚体育文化成为推动新农村建设新动能

政府将农民群众文化价值观教育融入社会主义新农村文化建设，可以为新农村文化建设提供科学正确的思想政治导向、精神动力和智力支持。我国推进新农村建设，促进农村城镇化发展，本质上就是农村人的城镇化，更是农村人现代化过程。现代农村不是世外桃源，而是全球化、互联网时代的新农村，特别是多年外出务工的农村年轻人回家乡创业，他们不仅带回资金和技术，还带来新型文化、时尚文化，包括体育文化，为新农村建设注入强大活力。新农村发展现代时尚体育不可阻挡的趋势，也是新农村建设的新路径之一。如浙江省苍南县龙港镇是个农民进城创业地区，号称“农民城市”，但就是这样一个以农民为主体的小镇兴起了羽毛球热，羽毛球成为新城市人业余生活的一部分，各种羽毛球培训班、训练营如雨后春笋般蓬勃发展。该地区的羽毛球俱乐部闻名全国，如龙港镇兴华羽毛球俱乐部现在浙南地区有 16 家培训点，2008 年至今参训学员总计 2 万余人，其中在训学员 220 人；并向国家队、浙江省队输送林贵铺等名将达十几名。2017 年 2 月，国家体育总局副局长赵勇视察了兴华羽毛球俱乐部后，对于该俱乐部致力于社会力量办体育模式给予了充分肯定。各级政府鼓励和倡导现代时尚体育文化发展，为新型体育文化发展创造了有利环境和机制。新型时尚体育文化，特别是外来体育文化的发展受到政治、经济发展状况的影响，更受到农村传统习惯、习俗和生活方式的影响，建立有利于多元文化事业发展的运行机制，特别是鼓励和倡导新型时尚体育文化机制和举措更为重要，只有这样才能促进体育多元文化结构协同发展。由此可见，为了适应新农村建设的需要，不同文化土壤的管理主体，要在管理目标、计划职能、组织体系、控制过程等几方面形成协同机制，合力发力，共促发展，这是建立多元体育文化事业的运行机制及机制优化的根本价值和目标所在。

4. 推进农村体育文化融合发展，形成多元化立体发展格局

新农村体育文化多元结构不是封闭的，而是开放的、互动的发展趋势。新农村体育文化，不仅内在结构多元化，而且其外在是与农村生态旅游、农村生态养生融合、互动发展的。各地区要抓住国家大力发展户外运动的有利机遇，充分整合农村资源和空间布局，利用优质传统体育文化资源，以引进社会资本模式，开发与新农村文化生态融合、包容发展的现代户外运动项目，逐步形成多主体投入、多元文化要素融合包容发展的格局，从而推动新农村体育文化产品供给多元化、个性化、品质化发展。因此，各级政府要在大格局、大生态、大融合发展战略思维中谋划新农村体育文化多元化发展，促进体育文化与现代生态农业、现代乡村旅游、户外养生等产业融合发展，促进其互动提升，逐步形成多元化立体发展格局，发挥体育文化在新农村建设中的独特价值和意义。

我国新农村建设过程中存在着体育文化多元形态，这种体育文化多元形态协同发展关系到新农村建设。新农村多元体育文化的协同发展需要从目标价值、组织保障、制度规范、机制中长远规划，科学布局，统筹谋划，协同推进，使新农村多元体育文化实现共生、共荣、共兴，从而使其成为推动新农村建设和发展的新动能。

1.3 体育特色小镇生态文明发展战略研究

推进生态文明发展是新时代国家发展的战略。随着我国经济社会发展的不断深入，生态文明建设被提高到前所未有的高度，我国生态文明建设和绿色发展迎来了新的战略机遇。加快生态文明建设、大力恢复绿水青山，是新时代发展的重要内容。

1.3.1 体育特色小镇生态文明发展的重要性

2018 年 5 月 18 日至 19 日，全国生态环境保护大会召开，习近平总书记出席会议并发表重要讲话。习近平指出，生态文明建设是关系中华民族永续发展的根本大计。针对中国生态环境的现状，习近平指出："总体上看，我国生态环境质量持续好转，出现了稳中向好趋势，但成效并不稳固。生态文明建设正处于压力叠加、负重前行的关键期，已进入提供更多优质生态产品以满足人民日益增长的优美生态环境需要的攻坚期，也到了有条件有能力解决生态环境突出问题的窗口期。"[1] 生态文明发展是新时代不可逆的趋势，也是新时代给予我们的要求，同时也是我们应该履行的使命。

1. 从国家对体育特色小镇的要求层面来看

2017 年 5 月 9 日，国家体育总局办公厅下发《体育总局办公厅关于推动运动休闲特色小镇建设工作的通知》，启动了运动休闲特色小镇建设工作。其在"任务"中明确指出：到 2020 年，在全国扶持建设一批体育特征鲜明、文化气息浓厚、产业集聚融合、生态环境良好、惠及人民健康的

---

〔1〕 人民网－人民日报海外版．习近平谈生态文明 10 大金句［EB/OL］．(2018－05－23)．http://politics.people.com.cn/n1/2018/0523/c1001－30006614.html.

运动休闲特色小镇。可见，生态文明是建设体育特色小镇的保障，也是最基本的前提条件。

2. 从浙江省发展体育特色小镇要求来看

2015 年 5 月 4 日，浙江省人民政府正式下发了《浙江省人民政府关于加快特色小镇规划建设的指导意见》。作为体育特色小镇发展的先行者，浙江省所有特色小镇要建设成为 3A 级以上景区，旅游产业类特色小镇要按 5A 级景区标准建设。

3. 从百丈镇发展的形势来看

百丈镇是典型的山区乡镇，飞云湖三分之二的水域面积在镇区域内，最重要的是它是温州 800 万人的“大水缸”——珊溪水库重要的水源涵养区和生态功能区。因此在全镇及体育特色小镇区域内，明令禁止发展任何工业，库区周围山林禁伐、畜禽限养、渔业管控、矿石禁采等。优良的生态环境，是百丈时尚体育小镇发展中必须保证的核心，也是百丈时尚体育小镇建设和发展的前提。

时任百丈镇镇长张宗普指出：“作为水源地保护区，这里的水被呵护但也被诟病，直至今日，‘靠水吃水’才从遥想接近现实，这个结果是十余年的沉寂、十余年的调整定位和十余年对水源保护换取的。”该地区注重与生态自然环境相平衡，充分维护镇区内山水资源特色，积极保护现有水域、山体、树木等生态基础，不破坏山形地貌，布置与自然生态协调发展的功能建筑，呈现山、水、林、城融合发展的山水体育特色小镇形态，这是建设发展体育特色小镇的前提，也是建设发展体育特色小镇的保证。

1.3.2 体育特色小镇生态文明发展的主要内容

生态文明是百丈时尚体育小镇的核心工作，也是百丈时尚体育小镇发展的主要内容，本研究从保护生态文明、恢复生态文明和补偿生态文明三方面举措进行论述。

1. 保护生态文明

浙江省因水而有名、因水而兴旺，也因水而美丽，但根据 2013 年浙江省水利普查公报，浙江省人均水资源量只有1760立方米，已经逼近了世界公认1700立方米的警戒线。虽然浙江单位面积水资源量可以排到中国第四，但由于其水资源80%分布于山区，人口集中、经济发达的浙东是重点缺水地区。而且浙江水资源还存在着供需缺口大、结构矛盾突出、污染严重、有效利用率低四大突出问题。同时中共中央、国务院对浙江治水历来极为关注，历届省委、省人民政府也高度重视。习近平同志在浙江工作期间，多次对治水工作作出重要指示和部署，一再强调要用科学发展的理念和方法来研究用水治水节水工作，认真抓好安全饮水、科学调水、有效节水、治理污水“四水工程”建设。这些年来，通过3轮“811”行动（2016年浙江省出台“811”美丽浙江建设行动方案）、千万农民饮用水工程、水资源保障百亿工程、千里海塘、“强塘固房”工程等治水改革措施，浙江治水工作取得了阶段性成效。浙江要再接再厉、一鼓作气，努力做好“五水共治”这篇大文章[1]，即以治污水、防洪水、排涝水、保供水、抓节水为重要内涵的“五水共治”。

同样温州市人民政府也非常重视水资源与自然资源的保护，并建立了完善的督查问责机制，在2017年，每月对全市800多项重点项目进行统计梳理，按7大类35个子项目，报市考绩办进行通报，督促滞后项目的进等升位。截至2017年7月底，全市已累计完成投资195.48亿元，完成年度投资计划（218.40亿元）的89.5%，其中被列入省级重点项目进度统计的共有35项，温州市完成率超过全省平均线的有21项（占比60%），完成率在全省平均线以下的项目有14个（占比40%）[2]。

由于是水源地，百丈时尚体育小镇以对生态的保护更为全面。笔者从百丈镇人民政府了解到，小镇除了在全镇范围内，禁止发展任何工业，库

---

〔1〕 360百科．五水共治［EB/OL］．［2015－07－22］．https：//baike.so.com/doc/7357941－7624479.html.

〔2〕 温州网．温州市建立健全“五水共治”体制机制，实行“河长制”全覆盖工作成绩单［EB/OL］．(2017－9－19)．http://news.66wz.com/system/2017/09/19/105028158.shtml.

区周围山林禁伐、畜禽限养、渔业管控、矿石禁采等措施以外，最重要的、形势最严峻的当属对水资源的保护。因为百丈镇，尤其是百丈时尚体育小镇“成名”以来，赛艇队、游客成为小镇的重要成员，众多人员的流动，为保护飞云湖水资源环境提出严峻挑战，百丈镇人民政府主要采取了以下措施。

一是在启动供水水源改造提升工程、实现农村生活污水处理全覆盖的基础上，百丈镇将剿灭劣五类水融入国家卫生镇创建，并列入各个村的村规民约中。同时，拉高标杆打造治水“升级版”，结合时尚体育小镇建设，在提升水文化上做足文章。百丈镇人民政府经过长期不懈的努力，使那些曾经脏乱差的河沟、池塘，如今大多变身绿地、休闲广场、休憩平台。

二是百丈镇人民政府启动剿灭劣五类水攻坚战以来，得到了国家青年赛艇队的大力支持，100 多名国青队员争做治水的倡导者、践行者、管护者。

三是百丈镇专门成立了青年志愿服务队，队员每年在飞云湖边种一棵志愿树，每周围绕河边巡一次河、带走一袋垃圾，每次训练随手拍照记录下身边的环境变化。

2. 恢复生态文明

2018 年 1 月中央经济工作会议提出，加快推进生态文明建设。只有恢复绿水青山，才能使绿水青山变成金山银山[1]。为保护好飞云湖这个大水缸，提升百丈镇文明程度，促进 A 级旅游景区创建和时尚体育小镇打造，百丈镇人民政府主要采取了以下措施。

一是垃圾分类处理。在对百丈时尚体育小镇调查期间，小镇整洁干净的街道、分类设置的垃圾桶以及新颖的积分兑换超市给笔者留下了深刻的印象，这一切都得益于百丈镇自 2017 年 3 月推行的垃圾“四化”长效机制——分类化收集、积分化管理、网格化监督、市场化保洁。

---

〔1〕 王立彬．加快生态文明建设、大力恢复绿水青山：推动中国经济高质量发展述评之八［EB/OL］．(2018－1－2). http://www.gov.cn/xinwen/2018－01/02/content_5252673.htm.

二是全面抓好生活污水处理。生活污水对百丈时尚体育小镇水资源环境的破坏是致命的，百丈镇人民政府积极做好生活垃圾集中处理，并建成了污水处理厂，以避免生活污水对飞云湖水资源环境的破坏。

三是全力保护好森林资源。百丈镇人民政府建立了一支22人组成的专业护林队伍和12支共176人组成的临时扑火队伍，强化以森林防火为主，结合防盗、防病害的森林资源保护工作。

四是开展系列“绿色”创建活动。目前已创建一个省级绿化示范村、一个市级绿化示范村、一所市级绿色学校，连续评出20户绿色家庭；建立森林食品基地3200亩、绿色食品基地2700亩。

3. 补偿生态文明

除了保护和恢复百丈镇及百丈时尚体育小镇的生态文明以外，百丈镇人民政府还进行了生态补偿，让百丈时尚体育小镇与周围生态环境相匹配，主要开展了以下工作。

一是对房屋外立面进行改造，展现时尚体育特色小镇风貌。百丈镇人民政府以时尚体育特色小镇为主题，根据规划对房屋外立面进行了改造，使每栋房屋的坡屋顶造型、颜色都不一样，展现体育特色小镇时尚、动感的滨湖风情，增强时尚体育特色小镇魅力。

二是对建成区整体绿化进了规划设计，百丈镇以海棠花为绿化主题，分别设计建成了海棠湾公园、海棠景观大道，把建成区打造成浪漫海棠半岛、体育主题公园。

1.3.3 体育特色小镇生态文明发展举措

党的十九大报告指出：必须树立和践行绿水青山就是金山银山的理念，坚持节约资源和保护环境的基本国策，像对待生命一样对待生态环境，统筹山水林田湖草系统治理，实行最严格的生态环境保护制度，形成绿色发展方式和生活方式，坚定走生产发展、生活富裕、生态良好的文明发展道路，建设美丽中国，为人民创造良好生产生活环境，为全球生态安全作出贡献[1]。

1. 生态文明发展投入举措

一是全面抓好生活污水处理。百丈镇先后投入资金360多万元，在集镇和水库周边7个村的中心自然村建设了污水处理系统，污水纳管户数达到2300多户，集镇建成区污水纳管率达到100%。

二是整个外立面改造工程投资3000多万元，分为四期工程，百丈镇将用不到两年的时间，把百丈建成区范围内（百丈时尚体育小镇）的400多户民房进行全面改造，让当地居民在家里就能办起农家乐、民宿，在家门口就能实现增收致富。

三是积极做好生活垃圾集中处理。百丈镇投资65万元，建成镇垃圾中转站和日处理垃圾5吨的焚烧炉，建立健全垃圾回收统一处理有效机制，在飞云湖、阳山等7个行政村实现生活垃圾“户集、村收、镇统一运输处理”的目标。

四是近年来百丈镇不断加大基础设施建设，投入500多万元，新建游步道2公里、安装路灯154盏、环湖绿道绿化面积达到3万平方米，建成太阳能垃圾处理站2处、配备垃圾清运车4辆、垃圾收集桶1400多个，为百丈时尚体育小镇的发展提供了更为坚实的支撑。

五是加强污染类企业的整治。百丈镇累计投入资金120多万元，对水库周边4家石材加工厂进行排污治理，使其均达到排放要求；取缔2家非法石材加工厂和2家非法小炼钢厂。

2. 生态文明发展监督管理机制

一是通过广泛宣传和常态化的督查管理，讲究卫生、保护环境成为越来越多人的行动自觉。近年来，当地结合志愿服务送医送药下乡、暑期社会实践、卫生宣传日等活动，帮助村民普及健康知识，居民健康知识知晓率和健康行为形成率分别达到90.2%和86.2%。“五星农户”创建是当时

〔1〕国际在线.［学思践悟丨十九大］保护好生态让人民群众生活更加美好［EB/OL］.(2017-11-17). http://news.youth.cn/sz/201711/t20171117_11026918.htm.

“创卫”的主抓手，自觉维护环境卫生是农户评星的“前置条件”。卫生搞不好，来个客人都不敢进门。与此同时，百丈镇还创新实行环卫保洁市场化运作和环境卫生全天候巡查机制，以政府购买服务形式实现环卫保洁更加专业化，组建40多人的村民保洁队伍，并且专门选聘2名卫生监督员进行常态化巡查，组建村民监督团不定时抽查。“巡查结果与保洁经费挂钩，干得好不好村民说了算。”百丈镇副镇长张罗青说。目前，该镇农村生活垃圾全部实行“户集、村收、镇运、县处理”的垃圾处理模式，垃圾日产日清，清运率和无害化处理率达到100%。

二是百丈镇广泛开展生态文明宣传教育，制作各类生态文明宣传牌120多块，出动宣传车30余次，分发宣传手册500余份，专题科普画报10期，努力形成浓厚的生态文明创建氛围。通过努力，百丈镇目前已创建2个省级整治合格村、5个市级整治合格村、4个市级生态村[1]。

三是建立长效管理机制。百丈镇继续推行、推广垃圾“四化”管理机制，巩固“国家卫生镇”创建和省级小城镇环境综合整治成果；实施“最美乡镇机关”“最美庭院”“最美村庄”等创建活动，申报创建“国家级园林城镇”，打造“美丽百丈”。

3. 生态文明发展战略采取的措施

一是全面推行垃圾分类工作。镇人民政府给建成区400多户农户配置分类垃圾桶，使其按照可腐烂和不可腐烂两类进行垃圾分类收集。同时，为提高农户参与积极性，百丈镇还推行了积分化管理，对农户进行引导。截至目前，积分兑换超市共兑换出价值6100元的商品。百丈镇常务副镇长林燕微介绍：垃圾分类化收集我们从源头抓起，主要是从农户开始分类，按照可腐烂和不可腐烂分别进行收集。我们每天下午定时到农户家中收集垃圾的过程中，对农户落实门前三包情况和垃圾分类情况进行打分。农户可以凭着积分卡到村委会的积分超市进行兑换相应价值的礼品。飞云湖村

---

[1] 百度百科．百丈镇［EB/OL］．［2015－12－07］．https：//baike. baidu. com/item/%E7%99%BE%E4%B8%88%E9%95%87/14116？fr＝aladdin.

民陶家辉说："垃圾分类做好就有 2 分，一般都能得到 2 分，然后就可以到村委会这里兑换物品，我也兑换了很多东西。"

二是完善配套设施。百丈镇 2017 年计划投资 2700 万元实施 440 户民房外立面改造，投资 100 万元提升城区绿化景观建设，加快强电上改下工程步伐。百丈镇人民政府实施边角美化、祛疤栽花，打造房屋立面花墙，高标准推进环境美化。

三是深化"五水共治""三改一拆"工作。百丈镇加强农村农业污染和"青山白化"治理，推进小流域治理，强化水库周边环境综合整治，保护珊溪水库水质。加强历史文化村落保护，结合美丽乡村、文明村、生态村等创建载体，深入实施农村治脏治乱和村庄美化亮化，在青山绿水间建设一批宜居宜游、特色鲜明的美丽村庄。

四是生态文明发展建设成效显著。据了解，自兴建百丈时尚体育小镇以来，百丈镇旅游人次从 2013 年的 1.4 万增至 2016 年的 8.1 万，旅游产值从 2013 年的 700 多万元增至 2016 年的 5600 多万元。1.8 万亩杨梅、茶叶、蓝莓、脐橙、猕猴桃、红心柚、中药材、板栗等十多种特色农产品种植地转型为"四季水果自助采摘基地"，御茗、百红等一批农业知名品牌广受消费者好评，大大增加了当地农产品的附加值。百丈镇也真正将现有的"绿水青山"转化成为今后的"金山银山"[1]。

1.4 体育特色小镇体育赛事开发发展战略研究

体育产业是新兴的绿色产业、朝阳产业，其中商业性体育赛事是体育产业中最活跃的部分[2]。

---

〔1〕 程晖．温州市百丈镇："无中生有"建成时尚体育小镇［EB/OL］．(2018－03－29). http://www.ceh.com.cn/xwpd/2018/03/1055166.shtml.

〔2〕 周波，周超．美国体育产业核心竞争力的生长机制及其启示［J］．沈阳体育学院学报，2015，34（03）：1－6.

1.4.1 百丈镇体育赛事开发发展背景分析

无论是大的时代背景，还是百丈镇先天资源优势和独特的历史文化，都为百丈镇体育赛事的开发提供了难得的发展机遇。

1. 体育产业发展迎来新的历史发展机遇

自2014年10月20日，《国务院关于加快发展体育产业促进体育消费的若干意见》等相关体育政策文件出台以来，体育产业的发展迎来了空前的发展机遇期，根据现有数据，从2006到2015年的10年间，中国的体育产业平均增速20%以上。从2006年的980亿元到2015年的5494亿元，增长了4倍多[1]。同样，温州市体育产业发展也非常迅猛，2014年温州市体育产业增加值就达到了43.91亿元，占全市GDP比重高达1.02%，居浙江省首位；2015年温州市销售体育彩票17.17亿元，5年发行量达73.35亿元，居浙江省第二；温州市体育产业就业人数达到7.9万人。其体育竞赛表演市场的品牌影响力和商业价值明显提升，体育产业与其他产业日趋融合发展，这为百丈镇体育产业发展以及体育赛事的开发提供了先决条件。

2. 百丈镇无可替代的资源优势

百丈镇位于泰顺县境内，就泰顺县而言，全县森林覆盖率高达76.1%，县域三大水系水质全面达到或优于水环境功能区要求，地表水环境功能区水质和县出界水质达标率均达到100%，泰顺县获评2012年、2014年全省跨行政区域河流交接断面水质考核优秀县。其环境空气质量总体较好且保持稳定，环境空气质量常年保持在国家二级标准以上，2005年以来，泰顺县生态环境状况连续五年全省第一，成为名副其实的浙江生态第一县。2016年泰顺县环境空气质量优良率达到99.4%，位列全省第二；PM2.5浓度年均值为24ug/m^3，位列全省第一[2]。百丈镇镇域环境也得天

[1] 为兵．“46号文”发布三周年，中国体育产业真的只是做了一场“黄粱梦”？[EB/OL]．(2017－11－15)．https://www.jfdaily.com/news/detail?id=71081.

[2] 泰顺县人民政府．泰顺[EB/OL]．[2015－12－07]．http://www.ts.gov.cn/col/col1376200/index.html.

独厚，其中百丈镇囊括了飞云湖三分之二的水域面积，自然资源优势明显，由于百丈镇属于亚热带海洋性季风气候，所在镇区内常年雨量较充沛，气候较温和，镇域内全年平均气温为17.2摄氏度，春夏水热同步，秋冬光热互补，湖面全年不结冰，且湖水非常平静。宽阔的水域面积、平静的湖水、清幽的环境等条件，是百丈镇无可替代的资源优势。

3. 百丈镇独特的历史文化

《分疆录》一书记载"百丈谣"曰："百丈百滩，一滩一丈，迢迢罗阳，如在天上"，这可能就是"百丈"之名的来源。百丈镇建于1935年，是泰顺县唯一的自然镇，自古就是水运埠头，新中国成立前曾是浙、闽两省七县的物资吞吐口岸，城镇店铺林立，是泰顺有名的百年商埠，被称为"泰顺的小上海"，辉煌一时。1935年11月至1937年1月，中共南坑洋区委、寿泰县苏维埃政府就在百丈镇黄坑地区建立以夏君明为主席的南坑洋区苏维埃政府[1]，百丈镇也是名副其实的红色历史文化古镇。

1.4.2 百丈镇体育赛事开发经验分析

近年来，百丈时尚体育小镇依托飞云湖资源优势，先后承办了中国温州国家山地户外运动挑战赛、全国露营大会、温州市第十五届运动会皮划艇比赛、飞云湖公开水域游泳比赛等品牌赛事活动。

1. 高起点规划先行，进行科学发展布局

针对移民山区自然资源丰富，但经济发展落后，工商业经济薄弱的现状，百丈镇深耕厚植文化土壤，依托老百丈百年古镇的文化底蕴，委托专业机构高起点编制各类规划，探索"多规合一"，打造"文化地标"，实现文化、体育、旅游、交通和城镇建设等规划深度融合。百丈镇邀请台湾华梵大学教授萧百兴等专家为当地古村落保护和旅游发展把脉，实现文化发展既有传统"古风"，又充满时尚"新风"。同时，投入338万元委托北京

[1] 掌上泰顺．泰顺这地方被称为"小上海"，如今成了这样！[EB/OL]．(2017－08－07)．http://www.sohu.com/a/162886482_406471.

泛华集团进行规划编制，先后完成时尚体育小镇概念性规划、百丈镇体育产业专项规划、环飞云湖慢行绿道、百丈水上运动中心控制性详细规划四个文体专项规划编制，重点打造水上运动区、户外运动区、生态农业区、高端养生度假区等功能区。

2. 政府引领，高质量完善基础设施

通过对泰顺县体育局及百丈镇人民政府相关职能人员的访谈，笔者了解到：2014 年国家体育总局水上管理中心多次来百丈时尚体育小镇实地考察，同年 11 月底该小镇成功举办全国青少年赛艇训练营，12 月初国家青少年赛艇队正式进驻训练，2016 年成功申报了国家水上运动后备人才基地和国家体育训练基地两个国家级基地，并完成了百丈国家水上运动中心项目控规编制和评审。同时浙江省、辽宁省、甘肃省及江苏省的无锡市等省市的皮划艇、曲棍球队伍也相继进驻小镇进行训练。紧接着，百丈镇人民政府相关负责人员放弃节假日休息时间，加快基础设施建设进程。百丈镇先后投入 3000 万元完善基础配套设施，建成皮划艇、赛艇体能训练房 3 个，运动员餐厅 2 个、运动员公寓楼 2 处、下水码头 3 处等设施。百丈镇大力实施环飞云湖绿道精品工程，以海棠作为绿化主题，积极打造“浪漫海棠半岛、时尚体育公园”，并结合“美丽乡村”建设，实施总投资 600 多万元的环湖绿道精品工程，配以环湖自行车骑行赛道、露营平台、观景平台、休闲驿站等设施。

3. 多点投入，政企分开

针对山区乡镇资金筹措来源少的难题，百丈镇建立多元化文化建设公益基金制度，全力抓好招商引资“一号工程”和泰商回归工程，借力“百名泰商结百村”行动，通过争取乡贤自愿捐款、结对共建单位企业捐款、财政奖补投入、村民自筹投工投劳等方式，广泛发动社会力量参与城镇建设和文化培育打造。2014—2017 年，百丈镇共投入 6000 多万元，先后规划海棠半岛、四季花谷、航空庄园等精品招商项目，成功落地国家赛艇高水平后备人才基地、辽宁省冬训基地两个旗舰型基地项目，2017 年底完成

“四季花谷”项目投资协议签订，并启动政策处理等前期工作。

在全国露营大会的筹办中，百丈镇人民政府邀请了北京酷赛、尼奥专业体育赛事公司策划、推广，重点通过网络、论坛、中央级媒体宣传推广，特别是100多家网络媒体和央视多个频道进行网络媒体报道和推广。由于科学的策划和推广，来自全国各地的8000多名户外露营爱好者云集于飞云湖畔，2000多顶帐篷整齐扎营，极大提高了百丈时尚体育小镇的知名度和影响力，吸引了广大体育运动爱好者前来健身运动、观光旅游和投资商前来洽谈考察，促进了体育与时尚、生态、旅游的融合发展。

4. 精品化建设，全心打造文化样板工程

百丈镇人民政府启动全域景区建设，按4A级旅游景区标准进行规划编制工作，申报创建3A级旅游景区，投资800多万元启动朱岭湾时尚体育主题公园、星级公厕、飞云湖群众文化广场等建设；先后成功举办飞云湖全国露营大会、铁人三项比赛、皮划艇（赛艇）全国邀请赛、曲棍球国际邀请赛等赛事，组织开展山地车、皮划艇竞速、山地越野、农趣（挖笋）等竞赛活动，吸引县内外游客近10万人次观赛、游湖，体验体育文化。另外，百丈镇充分发挥闲置学校、古民居等资源，打造环湖精品文化产业带。如飞云湖村改造提升闲置老学校，植入水上运动文化，为赛艇运动员提供餐饮住宿和休闲娱乐等服务。百丈镇建设“四季花谷”项目变空巢村为“民宿村”，计划投资3.12亿元打造“全年无休、四季变化”的赏花度假胜地和“原始质朴、奢华于内”的互动式中高端民宿社群[1]。

1.4.3 百丈镇体育赛事开发特点分析

笔者对百丈镇及百丈时尚体育小镇的实地调研后发现，百丈镇在开发体育赛事方面，具备很多的特点。

1. 以赛艇带动多个赛事，形成集聚辐射效应

由于县域内自然生态资源尤为丰富，泰顺县树立“生态立县、旅游兴

[1] 泰顺县百丈镇巧打“文化牌”探索产业融合发展新路子［EB/OL］.（2017-05-15）. http://www.zjwh.gov.cn/dtxx/zjwh/2017-05-15/211314.htm.

县”发展思路，把旅游作为其最大的供给侧结构性改革和富民产业来抓，据统计，全县共有旅游聚合区10个，旅游单体总数295个，其中五级资源单体3个、四级资源单体13个、三级资源单体66个，具有丰富的旅游资源。而百丈镇在整个泰顺县旅游中，特色不突出，优势不明显。但百丈镇依靠水域资源优势，成功引进国家级和各个省份的赛艇队，使其在百丈镇飞云湖区域内进行驻扎训练，这在泰顺县乃至温州市都是绝无仅有的。百丈镇以国家级赛艇比赛为核心，夺取游客的眼球，吸引游客的前往，带动人员向百丈镇及百丈时尚体育小镇进行流动，形成百丈镇的品牌赛事，在此基础上，分别举办了露营、围棋、九球、马拉松、冬泳等赛事，进一步激发了小镇体育产业发展，形成了一个核心（赛艇），带动多个赛事的集聚辐射效应。

2. 基于体育赛事本身，积极对体育赛事进行策划宣传

一个成功的体育赛事开发并不是一蹴而就的，需要长期的积淀，需要具备的因素条件非常多。在开发体育赛事的初期阶段，对体育赛事的成功宣传必不可少。百丈镇人民政府对体育赛事的开发进行了准确定位，不仅联合泰顺县人民政府及相关网络媒体，而且百丈镇自身运营了微信公众号“百丈汇”，既及时地推送文字宣传报道，又进行直播，增强了体育赛事的知名度，这也为吸引广大人员的参赛提供了先决条件，为大众了解百丈镇打开了一扇“窗”。不仅如此，百丈镇体育赛事的开发，有效地运用了“明星效应”。以2018年8月举办的“金丝玉玛杯”2018CBSA美式台球泰顺国际公开赛为例，此次比赛是拥有世界花式撞球协会（WPA）积分和中国台球协会（CBSA）积分双积分排名的国际顶级赛事，不仅有“九球天后”潘晓婷助阵，而且有国内外顶级选手齐聚泰顺，其中包括英国“快火”凯莉·费雪，世锦赛三冠王刘莎莎，新生代九球掌门人陈思明，中国公开赛双冠王韩雨、付小芳，“韩国小魔女”金佳映等著名选手。此外，还举办了“台球夏令营”等特色公益活动，百丈镇顿时掀起了台球热潮。

3. 关注体育赛事的带动效应，注重产业融合

产业融合（industry convergence）是20世纪70年代末在高新技术推动

下产生的经济现象。美国学者 Greenstein 等指出，产业融合即为适应产业增长而发生的产业边界的收缩或消失。产业融合指不同产业或同一产业不同行业相互渗透、相互交叉，最终融合为一体，逐步形成新产业的动态发展过程，产业融合可分为产业渗透、产业交叉和产业重组三类。产业融合是产业领域的价值主要增长点和经济增长最具活力的源泉与动力，融合会导致社会生产力进步、产业结构转型和社会经济的变革。在欧美等发达国家，体育产业已成为支柱产业，与旅游、商业、建筑、通讯、新闻媒体、游戏网络等产业充分融合发展，创造了巨大的产业效益和社会效益[1]。百丈镇以体育赛事的开发和发展带动其体育产业的发展，以体育产业的发展，刺激人员向百丈镇流动，带动百丈镇旅游业、生态农业、餐饮业、娱乐业等业态的消费。据统计，2016 年全镇旅游人次达到 8.1 万，2017 年增至 20 余万人；2017 年实现财政收入 6178 万元，同比增长了 8.5%；农民人均纯收入 15030 元，同比增长 12.5%[2]。

〔1〕 互联网 + 体育. 国外体育产业融合发展分析及启示（上）［EB/OL］.（2017－05－28）. https://www.sohu.com/a/144310088_482792.

〔2〕 百丈镇人民政府. 2018 年百丈镇人民政府工作报告［EB/OL］.（2018－03－26）. http://xxgk.ts.gov.cn/art/2018/3/26/art_1336520_16609346.html.

第8章 体育特色小镇建设保障机制研究

在对乡村振兴战略以及体育特色小镇研究的基础之上，本研究提出了一些体育特色小镇建设战略举措。

1.1 建设体育特色小镇政策供给研究

政策的供给是一项事关体育特色小镇发展的重要工作，必然会影响体育产业，乃至体育特色小镇的发展。怎样克服体育特色小镇发展中内外部矛盾和体制性障碍，是建设新时代体育特色小镇需要关注的课题。

1.1.1 建设体育特色小镇政策供给背景分析

体育产业供给侧结构性改革的核心就是要在新常态下构建适应我国体育产业发展的制度供给体系，解决有效制度供给问题成为体育产业跨界融合的重要任务。2014 年，国务院出台《关于加快发展体育产业促进体育消费的若干意见》，对于促进体育产业发展具有里程碑意义，也为体育产业跨界融合提供了宏观的政策依据。此后，全国各省市相继出台了配套的指导意见和实施意见。另外，《“健康中国 2030”规划纲要》《关于积极推进“互联网 +”行动的指导意见》《国家新型城镇化规划（2014—2020 年）》《关于开展特色小镇培育工作的通知》《关于加快发展健身休闲产业的指导意见》《全民健身计划（2016—2020 年）》《关于进一步扩大旅游文化体育健康养老教育培训等领域消费的意见》《体育产业发展“十三五”规划》《关于大力发展体育旅游的指导意见》等政策的出台，为体育特色小镇成为体育产业跨界融合新模式提供了必要的政策保障[1]。

1.1.2　政府在建设体育特色小镇中的角色定位及作用

建设体育特色小镇，发挥政府作用，首要举措是创新制度供给，做好科学规划，做好服务工作，提高供给体系的质量和效率。浙江和江苏在建设特色小镇方面，具有较好的实践经验，全国其他省市地区，可借鉴其做法，根据自身优势和条件，实现机制创新，做好科学规划。

1. 明确政府职责，正确处理好政府与市场之间的关系

政府在体育特色小镇建设中要突出引导作用，承担服务保障、监督等工作，特别是在编制小镇规划、民族传统体育的保护与传承、维护生态环境、基本公共服务供给、资源要素保障、基础设施建设等方面发挥作用，为市场创建发展环境。

2. 成立专门领导小组，加强协调管理

建设体育特色小镇是一个复杂的系统工程，涉及体育、旅游、国土资源、文化、发改委、宣传、财政等多个部门，政府需要成立专门领导小组，建立工作联席会议制度，加强统筹协调。体育等相关部门要做好引导工作，对各地区体育特色小镇的规划、申报、建设等工作进行服务与管理。

3. 制定体育特色小镇的相关标准和政策，创新制度供给

推进体育特色小镇建设的法治化和制度化保障，政府在项目审批、土地征用、财政资金、基础设施、安全保障、人才引进等方面出台相关制度，特别是对于体育赛事活动、健身休闲、体育场馆建设、体育人才培养等项目要给予优惠政策。

4. 科学设计与规划，确保体育特色小镇的独特性

建设体育特色小镇从策划到规划、从概念提出到具体实施、从整体到

〔1〕沈克印，杨毅然．体育特色小镇：供给侧改革背景下体育产业跨界融合的实践探索［J］．武汉体育学院学报，2017，51（06）：56－62.

局部，都要以高标准来要求，政府在小镇定位、培育条件、建设标准、扶持政策、监测评估等方面进行系统设计和规划，使其走一条差异化的特色发展路径[1]。

1.1.3 建设体育特色小镇政策供给举措

积极探索“政府+新型运作主体”的发展机制，以政府为主体制度供给，精确引导产业发展，搭建市场化运作平台，充分发挥专业化特长和产业链优势，促进体育特色小镇集聚发展。以杭州五星山南基金小镇为例，说明如下。

1. 优化领导机构职能

进一步完善体育特色小镇领导小组的工作职能，对基金小镇的政策优惠等进行研究、创新。政府扮演“服务者”角色，为机构入驻基金小镇提供良好的硬件环境、政策配套、服务配套。党委、政府及时研究解决项目推进中遇到的重大问题，以定期召开重点项目协调会、重点项目联席会等形式，研究解决项目推进中的各种问题。各项目责任单位定时上报项目推进情况。

2. 创新运作管理模式

通过“产业链招商”和“生态圈建设”模式，政府开展专业化的园区发展和促进工作，开展从机构动员、落户服务、天使投资，到资本中介、基金募集、产品营销、业务协同等系列化的全产业链配套服务。

3. 改革政府工作机制

进一步完善小镇管委会相关管理规章制度，优化工作职能，改进工作方式，提高办事效率。进一步做好建设体制改革，严格执行新的征收补偿工作实施机制。政府在基金小镇设立工商事务服务室，提供企业名称预先核准、企业登记注册、品牌培育、消费投诉处理等业务受理、咨询和指

---

[1] 沈克印，杨毅然．体育特色小镇：供给侧改革背景下体育产业跨界融合的实践探索[J]．武汉体育学院学报，2017，51（06）：56－62.

导。建立多方会商协调机制和定期数据分析机制，以区市场监管局为中间枢纽，联系省工商局、市市场监管局和基金小镇等有关方面，建立多方会商协调机制[1]。

1.2 建设体育特色小镇资金保障研究

体育特色小镇建设已经成为新时代城镇建设和体育产业发展的空间集合[2]，是发展体育产业为主，集文化、旅游等元素于一身，具有完整生态系统的区域。建立完善合理的资金保障机制则是实现体育特色小镇可持续发展的基础。

1.2.1 构建科学的资金引导机制

体育特色小镇有关的合作各方是利益共同体，也是责任共同体、发展共同体。建立体育特色小镇资金保障机制，不是要求政府来提供项目资金，而是通过政策引导、财政投入、利益调整等多种形式，引导各级政府资金、企业自有资金、金融市场资金、社会资金等不同的资金主体，有规范、有动力、有目的、有恰当的渠道参与到体育特色小镇的建设运营中来。PPP 模式在体育公共服务方面存在巨大优势，第一，可以促进政府职能从“既划桨又掌舵”的困境中解脱出来，只行使一种职责即掌舵，这样既可以规避政府投资失败带来的风险，又可以提高项目的运行效率，提高体育特色小镇的服务质量。第二，政商协调的 PPP 模式可以有效了解客户的需求，进而帮助政府及时调整施政方略，提高政府的公信力和办事效率。第三，社会组织进入体育特色小镇，必然提高竞争水平，引进更为先进的管理经验，进而为其他领域的体育公共服务提供参考。

---

〔1〕 谢文武，朱志刚．特色小镇创建的制度与政策创新：以玉皇山南基金小镇为例［J］．浙江金融，2016，(09)：69－74.

〔2〕 胡昌领．体育特色小镇的功能定位、建设理念与精准治理研究［J］．体育与科学，2018，39 (03)：69－74.

1.2.2　构建有效的激励机制

体育特色小镇要面向更广范围、更深程度、更高层次的方向发展，方式是整合配置体育特色小镇资源，途径是扩大经济利益的交会点，目标是发挥小镇的特色。体育特色小镇的建设和运营需要多元的主体参与，涉及多方利益主体，需要在机制创新上，通过有效激励制度安排形成长效机制，诱导市场主体的自发参与，激发各方主体内在动力。

1.2.3　构建风险防控管制机制

体育特色小镇风险防控管制机制是体育特色小镇资金保障中政府管理手段运行的重要方面，主要通过监管规则作用于资金运行过程，规范政府和企业双方行为，弥补合同契约和价格杠杆调节的不足，保证资金运行的安全稳定。

体育特色小镇建设运营资金，在具体运行中，其开支与进展不可能一如预计，这增加了资金保障的不确定性，使小镇面临资金运行和资金链断裂风险。多元主体参与下的体育特色小镇资金保障，必然会形成多条连接政府和企业双方的供应链条，企业、社会资金、金融市场将成为资金链条中的重要环节，在政府和企业资金之间建立起生产合作交流关系的桥梁。资金供需链条维系着政府和企业的关系，一旦断裂，将严重影响项目系统的正常运转。

1.2.4　坚持市场合理调节机制

在配置资源方面，市场的奖惩结构所产生的效率，远远高于不遵守市场规则的合同协商方式。在政府和企业中，合理地坚持市场调节机制，就是通过转向公共市场的运作机制解决方案，纠正问题，判定冲突，通过市场更精准高效的方式调节资金配置。

1.2.5　建立完善的资金落实评价验收制度

坚持把体育特色小镇作为财政支出的优先保障领域，确保体育特色小镇投入适度增加。着力优化投入结构，创新使用方式，提升效能。固定资产投资继续向体育特色小镇倾斜。政府发挥规划统筹引领作用，多层次多形式推进涉农资金整合。创新财政资金使用方式，推广政府和社会资本合作，实行以奖代补和贴息，支持建立担保机制，鼓励地方建立风险补偿基金，撬动金融和社会资本更多投向农业体育特色小镇。建立健全小镇信贷担保体系，推进省级信贷担保机制向市县延伸，支持有条件的市县加快建立担保机构，实现实质性运营。拓宽小镇基础设施投融资渠道，支持社会资本以特许经营、参股控股等方式参与农林水利、农耕等项目建设运营。鼓励地方政府和社会资本设立各类农业农村发展投资基金。加大地方政府债券支持农村基础设施建设力度。在符合有关法律和规定的前提下，探索以市场化方式筹集资金，用于小镇建设。研究制定引导和规范工商资本投资农业农村的具体意见。对各级财政支持的各类小型项目，有限安排乡村居民、合作组织等作为建设管护主体，强化乡村居民参与和全程监督[1]。

1.3 建设体育特色小镇人才支撑体系研究

人才是体育特色小镇发展中的核心要素，体育特色小镇的开发、管理、运营离不开专业人才支撑。而当前在整个体育产业发展中，产业实践与理论研究不同步，人才培养与市场需求不对称，学校、企业各自为战，导致体育人才短缺，体育特色小镇开发、运营、管理的人才更是缺乏，出现懂体育的不懂产业、懂开发的不懂运营、懂技术的不懂管理的错位局面。学者们在体育特色小镇人才支撑体系方面的研究，对充分促进人才的引进和发展，为体育特色小镇在人才管理和开发、政策制度等方面提供指导，进一步为体育特色小镇的发展提供保证。

1.3.1 围绕体育特色小镇产业转型升级的要求，制订人才规划

根据体育特色小镇发展规划，各地区分行业调查摸清体育特色小镇人才

〔1〕 顾益康，潘伟光．新常态 新农业：以农业供给侧改革为主线推动新农业发展［J］．浙江经济，2017，(09)：17－20.

现状，结合体育特色小镇人才发展需求，对体育特色小镇人才需求进行科学合理的规划布局，并提出相应人才结构调整的对策措施等，着力培育造就一批拥有自主创新能力，能抢占产业创新制高点的领军型科技研发人才。

1.3.2 围绕体育特色小镇高端要素集聚的要求，拓宽人才供给

针对各个体育特色小镇主导产业的发展特点，各地区通过举办或承办高级别行业展会，打响各自的小镇品牌，精准对接小镇特色产业的人才需求。

首先，鼓励体育特色小镇根据产业组团，在国内产业人才密集的城市设立办事处或人才工作站，通过在不同片区定向发布人才需求信息，直接引进人才。

其次，开展“百镇千企”联手知名高校、科研院所人才合作活动，建立人才共享机制，满足体育特色小镇创业创新人才需求。同时，建立特色小镇海外人才服务机构，开展特色小镇专项引才活动，完善定期交流机制。牢固树立“留住人才要重于引进人才”的理念。

最后，尊重小镇发展规律，高低技能劳动力必须是“互补”的，引进企业管理人，体育特色小镇依然需要接地气的人才。与北上广相比，每个小镇都可谓人才“洼地”，以小镇现有的条件和资源，培养好本地人才，尤其是体育、经济、管理、旅游复合型人才。

1.3.3 围绕特色小镇区域创新发展的要求，提升人才服务

1. 加强组织领导和统筹协调，形成发展合力

一是县级及以上人民政府和镇人民政府联合成立体育特色小镇人才联席会议办公室，建立跨区域的体育特色小镇人才工作协调机制。

二是实行差异化产业人才政策，在重要领域和关键环节开展创新驱动改革试验示范，积极在知识产权、激励机制、国际合作、人才流动等方面进行探索、试验。

三是整合现有资金渠道，在科技成果转化、新兴产业发展、传统产业改造升级等方面加大人才投资力度，探索设立特色小镇创新再担保基金，

强化人才担保服务。

2. 依托互联网平台，打造大数据一体化服务系统

一是依托省人力社保政务服务网，全省新建一站式、全流程、专业化的特色小镇人才公共服务平台，全面整合政策咨询、人才资助、人才拍卖、人才创业项目网上发布、投融资扶持合作等服务，实现信息咨询、网上办事、人才展示等多项功能。

二是提升大数据在人才工作中的深度应用，拓展社会化的人才工作移动端服务，通过网络手段，实时掌握和监测特色小镇各种人才的存量情况、流动趋势及需求状况等，盘点和整合现有人才资源，发挥大数据促进人才工作创新发展的作用。

三是利用云平台推动专业人才服务机构建设，加强形势分析监测，提供政策、市场、法律等方面的信息服务，完善知识产权统计监测体系，积极开展知识产权分析评议及标准体系建设。

四是完善各部门管理协同机制，提升管理质量和管理效率，实现人才项目资金高效监管，充分挖掘和利用信息资源，做好政策评估工作，出台高水平、高信度和高效度的政策，进一步提高人才管理的科学化和针对性。

五是加大特色小镇采购云计算服务力度，加强各类创新人才资源、信息资源互联共享。建立“特色小镇人才驿站”，为人才提供“店小二”式服务。围绕体育特色小镇人才服务需求，浙江省按照整合、补缺、标准化的原则，在其省会杭州建立“浙江省特色小镇人才驿站”，重点接纳符合特色小镇发展需要，一时还未落实接收企业或人事关系，暂时难以转入企业的海内外高层次人才。下联各体育特色小镇人才服务窗口，因地制宜，集中提供就业创业、职业技能培训、劳动关系协调等基本公共服务，延伸服务网络，实现特色小镇人力社保公共服务全覆盖，为人才提供“店小二”式服务[1]。

〔1〕 吴玮，潘伟梁，诸葛晓荣，等. 促进特色小镇人才跨越式发展［J］. 决策咨询，2016，(5)：80－85.

参考文献

〔1〕中共中央,国务院. 乡村振兴战略规划(2018—2022 年)[EB/OL]. (2018 - 09 - 26). http://www.gov.cn/zhengce/2018 - 09/26/content.5325534.htm.

〔2〕国家体育总局办公厅. 体育总局办公厅关于推动运动休闲特色小镇建设工作的通知[EB/OL]. (2017 - 05 - 11). http://www.sport.gov.cn/n316/n336/c802334/content.html.

〔3〕廖彩荣,陈美球. 乡村振兴战略的理论逻辑、科学内涵与实现路径[J]. 农林经济管理学报,2017,16(6):795 - 802.

〔4〕张宇贤,李陶亚. 加快体育产业发展培育新经济增长点[N]. 光明日报,2014 - 10 - 22(2).

〔5〕国务院. 国务院关于加快发展体育产业促进体育消费的若干意见[EB/OL]. (2014 - 10 - 2). http://www.gov.cn/zhengce/content/2014 - 10/20/content_9152.htm.

〔6〕浙江省人民政府办公厅. 浙江省人民政府关于加快特色小镇规划建设的指导意见[EB/OL]. (2015 - 5 - 4). http://www.zj.gov.cn/art/2015/5/4/art_32431_202183.html.

〔7〕浙江省人民政府. 浙江省人民政府关于加快发展体育产业促进体育消费的实施意见[EB/OL]. (2015 - 7 - 7). http://www.zj.gov.cn/art/2015/7/7/art_32431_240881.html.

〔8〕浙江省体育局,浙江省发展改革委. 浙江省体育局浙江省发展改革委员会关于印发《浙江省体育产业发展"十三五"规划》的通知[EB/OL]. (2016 - 10 - 11). http://wwwzj.gov.cn/art/2016/10/11/art_5495_2193790.html.

〔9〕温州市人民政府. 温州市人民政府关于加快特色小镇规划建设的实施意见[EB/OL]. (2015 - 8 - 18). http://www.wenzhou.gov.cn/art/2015/8/18/art _ 1229314 _ 35779.html.

〔10〕温州市人民政府办公室. 温州市人民政府办公室关于印发温州市特色小镇规划建设三年行动计划(2016—2018 年)的通知[EB/EL]. (2016 - 8 - 8). http://www.wenzhou.gov.cn/art/2016/8/18/art_1229314_12564.html.

〔11〕余炳连．温州市将培育打造体育特色小镇[EB/OL]．(2016 - 2 - 20)．http://www.88088.com/zoujinwz/jzwz/2016/0220/451598.shtml.

〔12〕浙江省体育局．省级运动休闲小镇考察组来泰顺百丈检查指导[EB/OL]．(2018 - 03 - 01)．http://zjtyol.zjol.com.cn/dsww/201803/t20180301_6696495.shtml.

〔13〕裴秋菊．体育特色小镇该怎么建？[N]．中国文化报,2017 - 2 - 25(5).

〔14〕韩成祥,布特．我国农村体育发展研究的反思与展望[J]．浙江体育科学,2016,38(03):6 - 11 + 24.

〔15〕娄方平,李国泰．澳大利亚农村体育发展调查研究[J]．山东体育学院学报,2008,(05):19 - 22.

〔16〕卢文云．英国农村社区体育主题资助计划研究[J]．体育文化导刊,2011,(02):27 - 30.

〔17〕孙锋,羌霞．发达国家农村公共体育产品供给制度模式及启示[J]．四川体育科学,2012,(04):1 - 3.

〔18〕刘晓莉,齐晓英．中英农村体育发展专项资助比较研究:以农民体育健身工程与农村社区体育主题资助计划为例[J]．体育文化导刊,2014,(1):64 - 67.

〔19〕张文静,田雨普．农村体育研究中“农村”含义的辨析[J]．体育文化导刊,2005,(10):46 - 48.

〔20〕吴振华,田雨普．关于中国农村体育若干问题的断想[J]．体育文化导刊,2005,(06):5 - 7.

〔21〕朱家新．新时期农村体育发展理论与实证研究[M]．合肥:安徽大学出版社,2007.

〔22〕胡庆山．新农村建设背景下我国村落农民体育的理论与实证研究[M]．北京:北京体育大学出版社,2011.

〔23〕夏成前．农村体育若干问题解读[J]．北京体育大学学报,2013,36(02):11 - 15.

〔24〕雨普．小康社会时期我国社会体育的城乡差异[J]．体育科学,2005,(04):3 - 6.

〔25〕虞重干,郭修金,奚凤兰．小康村沈泉庄体育调查报告[J]．山东体育学院学报,2008,(04):1 - 5.

〔26〕戴健,韩冬,梁晓杰,等．新农村建设中长三角地区农民体育活动现状及对策[J]．体育科学,2009,29(01):8 - 13 + 65.

〔27〕韩红英．青海藏区农牧民健身现状调查[J]．体育文化导刊,2010,(08):14 - 17.

〔28〕罗炯,郑兵,卢文云,等．我国西部地区农民健身现状及制约因素研究报告[J]．体

育科学,2011,31(04):32 - 40 + 66.

〔29〕刘守君,董渝华,刘昕. 北京市新农村体育服务体系的构建:“高校与农村结合”的双赢模式[J]. 北京体育大学学报,2011,34(02):97 - 100.

〔30〕刘路,马永明. 不同地域农村体育发展现状的对比研究:以江苏、河南两省为例[J]. 沈阳体育学院学报,2012,31(02):31 - 34.

〔31〕屈杰,万义,海宛平,等. 我国少数民族贫困区农村体育人口的发展现状与影响因素研究:以湘西土家族、苗族、侗族贫困区为例[J]. 武汉体育学院学报,2014,48(01):31 - 34 + 56.

〔32〕徐东锋. 构建以农村学校为基地的农村体育发展战略思考[J]. 体育与科学,2008,(03):65 - 67 + 64.

〔33〕黄北翔,杨锋. 新时期湖南省农村体育发展现状、制约因素与战略研究[J]. 成都体育学院学报,2010,36(07):26 - 30.

〔34〕田雨普,王欢,杨小明. 和谐社会构建中城乡群众体育统筹发展的战略思考[J]. 中国体育科技,2009,45(06):91 - 96.

〔35〕杨英,邓跃宁. 四川农村体育“非均衡—协调”发展战略研究[J]. 成都体育学院学报,2010,36(01):36 - 39.

〔36〕姚唯众,白海波,刘志敏,等. 城乡群众体育统筹发展的战略思考[J]. 体育与科学,2011,32(04):82 - 84.

〔37〕刘梅英. 中国工业化进程中农村体育问题研究[D]. 南京:南京师范大学,2011.

〔38〕卢元镇. 中国群众体育现状调查与研究[M]. 北京:北京体育大学出版社,1998.

〔39〕郭琴. 体育特色小镇建设二元模式的路径探索[J]. 体育与科学,2018,39(02):89 - 94.

〔40〕宋宇虹,李冰,李双玲,等. 我国体育小镇的概念、内涵与类型研究[J]. 哈尔滨体育学院学报,2018,36(02):57 - 61.

〔41〕沈克印,杨毅然. 体育特色小镇:供给侧改革背景下体育产业跨界融合的实践探索[J]. 武汉体育学院学报,2017,51(06):56 - 62.

〔42〕胡昌领. 体育特色小镇的功能定位、建设理念与精准治理研究[J]. 体育与科学,2018,39(03):69 - 74.

〔43〕季朝新,王一博. 运动休闲特色小镇建设:逻辑起点、概念模型和功能定位[J]. 体育文化导刊,2018,(02):88 - 92.

〔44〕张雷．运动休闲特色小镇：概念、类型与发展路径［J］．体育科学，2018，38（01）：18－26＋41.

〔45〕曹彧□体育对城镇化的作用毋庸置疑：从中国足球小镇建设看群体布局思考之一［N］．中国体育报，2016－4－11（5）.

〔46〕白惠丰，孟春雷．新常态背景下运动休闲特色小镇创建问题及路径研究［J］．体育文化导刊，2018，（03）：87－91

〔47〕张晓，房蕊，李海杰．体育特色小镇 SWOT－AhP 定量模型建构与开发战略选择：以泰山风景区为例［J］．中国学校体育（高等教育），2018，5（01）：24－30.

〔48〕蒋清，敬艳．全域旅游视域下体育特色小镇的开发［J］．开放导报，2017，（05）：92－95.

〔49〕王松，张凤彪，崔佳琦．传统体育文化融入运动休闲特色小镇建设研究［J］．体育文化导刊，2018，（05）：79－83.

〔50〕何春刚．体育小镇建设中的政府职能与推进路径［J］．南京体育学院学报（社会科学版），2017，31（04）：23－27.

〔51〕王志文，沈克印．产业融合视角下运动休闲特色小镇建设研究［J］．体育文化导刊，2018，（01）：77－81.

〔52〕范斌．基于根植性理论视角下的我国体育特色小镇建设机制研究［J］．体育与科学，2018，39（01）：84－89.

〔53〕石秀廷．体育特色小镇建设的国际经验及其启示［J］．广州体育学院学报，2018，38（03）：39－42＋67.

〔54〕董芹芹，沈克印．法国运动休闲特色小镇建设经验及对中国的启示：以霞慕尼（Chamo－nix）小镇为例［J］．武汉体育学院学报，2018，52（06）：20－25.

〔55〕王学彬，项贤林．体育特色小镇建设：域外经验与中国路径［J］．上海体育学院学报，2018，42（04）：62－67＋80.

〔56〕田学礼，赵修涵．体育特色小镇发展水平评价指标体系研究［J］．成都体育学院学报，2018，44（03）：45－52.

〔57〕孙季成，章莺，傅振磊．当代浙江农民体育需求与体育态度的调查研究［J］．广州体育学院学报，2006，（02）：41－47.

〔58〕陈功．浙江经济欠发达地区农村体育现状调查与分析［J］．浙江体育科学，2008，（01）：39－41＋76.

〔59〕吴秋林,刘雪娇,赵雪峰．浙江省农村体育管理体制与运行机制的调查研究[J]．中国体育科技,2008,(06):15－18.

〔60〕宋维能．浙江省农村体育组织运行机制研究:以篮球特色洪溪村为调研个案[D]．金华:浙江师范大学,2011.

〔61〕王守都．新农村建设中民族传统体育的现状分析研究:以温州地区为例[D]．北京:北京体育大学,2011.

〔62〕林时欢．温州市农村体育发展现状调查研究[J]．教育教学论坛,2012,(01):67－68.

〔63〕彭艳芳,王占坤．浙江省农村空巢老人体育健身现状及体育需求研究[J]．体育文化导刊,2013,(08):31－34.

〔64〕新华网．习近平强调,贯彻新发展理念,建设现代化经济体系[EB/OL].(2017－10－18). http://www.xinhuanet.com/politics/2017－10/18/c_1121820551.htm.

〔65〕秦中春．把握实施乡村振兴战略的重大意义和工作重点[N]．中国经济时报,2017－11－15(001).

〔66〕朱泽．大力实施乡村振兴战略[J]．中国党政干部论坛,2017,(12):32－36.

〔67〕魏后凯．坚定不移地实施乡村振兴战略[N]．经济日报,2017－11－3(011).

〔68〕庄晋财．论乡村振兴战略的逻辑起点[J]．新疆农垦经济,2017,(11):2＋93.

〔69〕蒋和平．实施乡村振兴战略及可借鉴发展模式[J]．农业经济与管理,2017,(06):17－24

〔70〕李国祥．产业融合发展是乡村振兴的重要路径[N]．上海证券报,2017－11－28(012).

〔71〕陈炎兵．实施乡村振兴战略推动城乡融合发展:兼谈学习党的十九大报告的体会[J]．中国经贸导刊,2017,(34):52－55.

〔72〕张宇,朱立志．关于“乡村振兴”战略中绿色发展问题的思考[J]．新疆师范大学学报(哲学社会科学版),2019,40(01):65－71.

〔73〕刘合光．激活参与主体积极性,大力实施乡村振兴战略[J]．农业经济问题,2018,(01):14－20.

〔74〕杨希．日本乡村振兴中价值观层面的突破:以能登里山里海地区为例[J]．国际城市规划,2016,31(05):115－120.

〔75〕关震,阎西塬．实施乡村振兴战略应注意的几个关系[J]．理论界,2017,(11):

15 - 21.

〔76〕涂圣伟. 实施乡村振兴战略的三大着力点[N]. 经济日报,2017 - 12 - 31(008).

〔77〕傅国华,李春,郑凯. 分层精准施策全面推进乡村振兴战略[J]. 新东方,2017,(05):15 - 18.

〔78〕叶兴庆. 新时代中国乡村振兴战略论纲[J]. 改革,2018,(01):65 - 73.

〔79〕文丰安. 新时代乡村振兴战略推进之理性审视[J]. 重庆社会科学,2018,(04):16 - 24.

〔80〕周立,李彦岩,王彩虹,等. 乡村振兴战略中的产业融合和六次产业发展[J]. 新疆师范大学学报(哲学社会科学版),2018,39(03):16 - 24.

〔81〕郭晓鸣. 乡村振兴战略的若干维度观察[J]. 改革,2018,(03):54 - 61.

〔82〕魏后凯. 如何走好新时代乡村振兴之路[J]. 人民论坛·学术前沿,2018,(02):14 - 18.

〔83〕马玉荣. 如何实施乡村振兴战略:专访国务院发展研究中心农村经济研究部部长、研究员叶兴庆[J]. 中国经济报告,2017,(11):15 - 19.

〔84〕张怀英. 农村创业助推乡村振兴的模式选择及其实现机制[J]. 吉首大学学报(社会科学版),2018,39(03):92 - 98.

〔85〕姜德波,彭程. 城市化进程中的乡村衰落现象:成因及治理[J]. 南京审计大学学报,2018,15(01):16 - 24.

〔86〕郑风田,杨慧莲. 村庄异质性与差异化乡村振兴需求[J]. 新疆师范大学学报(哲学社会科学版),2019,(01):57 - 64.

〔87〕张丙宣,华逸婕. 激励结构、内生能力与乡村振兴[J]. 浙江社会科学,2018,(05):56 - 63 + 157 - 158.

〔88〕黄祖辉. 浙江乡村振兴战略的先行探索与推进[J]. 浙江经济,2017,(21):24 - 25.

〔89〕唐安来,翁贞林,吴登飞,等. 乡村振兴战略与农业供给侧结构性改革:基于江西的分析[J]. 农林经济管理学报,2017,16(06):803 - 808.

〔90〕陈美球,廖彩荣,刘桃菊. 乡村振兴、集体经济组织与土地使用制度创新:基于江西黄溪村的实践分析[J]. 南京农业大学学报(社会科学版),2018,18(02):27 - 34 + 158.

〔91〕杨邦杰. 乡村振兴:产业、基建、人才与政策[J]. 中国发展,2017,17(06):1 - 4 + 94 + 92 - 93.

〔92〕吴亚伟,张超荣,江帆,等. 实施乡村振兴战略创新县域乡村建设规划编制:以《安徽省广德县县域乡村建设规划》为例[J]. 小城镇建设,2017,(12):16-23.
〔93〕张力为. 体育科学研究方法[M]. 北京:高等教育出版社,2002.
〔94〕周孝正,王朝中. 社会调查研究[M]. 北京:中央广播电视大学出版社,2005.
〔95〕贝利. 现代社会研究方法[M]. 上海:上海人民出版社,1986.
〔96〕宋圭武. 全面实施乡村振兴战略[J]. 社科纵横,2017,32,(12):5-8.
〔97〕中共中央,国务院. 中共中央国务院关于实施乡村振兴战略的意见[EB/OL]. (2018-02-04). http://www.gov.cn/zhengce/2018-02/04/content_5263807.htm.
〔98〕百度百科. 城乡统筹[EB/OL]. https://baike.baidu.com/item/城乡统筹/82199? fr=aladdin.
〔99〕宋海英,姜长云,杜妍妍. 统筹城乡发展研究述评[J]. 调研世界,2004,(10):34-37.
〔100〕马克思,恩格斯. 马克思恩格斯全集[M]. 北京:人民出版社,1956.
〔101〕李瑾,冯献,郭美荣,等. 城乡一体化发展的时空演变特征与省区差异性分析[J]. 中国农业资源与区划,2017,38(11):67-77.
〔102〕杜漪. 城乡统筹发展的制度变迁路径[J]. 乡镇经济,2005,(08):5-8.
〔103〕余兴厚. 中国城镇化进程中社会保障制度的城乡统筹[J]. 重庆工商大学学报. 西部论坛,2005,(05):5-8.
〔104〕姜作培. 中国城乡经济社会统筹发展的战略抉择[J]. 求索,2004,(02):4-8.
〔105〕盛广耀. 城市化模式转变:从城乡分割到城乡统筹[J]. 城市,2005(6):16-18.
〔106〕叶兴庆. 十六大对“三农”问题的新论述[J]. 古今农业,2003,(01):1-5.
〔107〕孙津. 城乡统筹:城乡协调发展的政策机制[J]. 中国发展,2004,(02):10-12.
〔108〕中共党史出版社. 关于完善社会主义市场经济体制的三十六个重要问题[M]. 北京:中共党史出版社,2003.
〔109〕周建群. 十六大以来党的“三农”思想创新研究[J]. 中共福建省委党校学报,2012,(03):24-32.
〔110〕李兵弟. 城乡统筹规划:制度构建与政策思考[J]. 城市规划,2010,34(12):24-32.
〔111〕中国城市科学研究会,住房和城乡建设部村镇建设司. 中国小城镇和村庄建设发展报告(2008,2009)[R]. 北京:中国城市出版社,2010.

〔112〕陈庆立. 推动城乡统筹发展的农业现代化路径研究[J]. 城市观察,2014,(01):160-168.

〔113〕高海燕. 加大我国统筹城乡发展力度的思考[J]. 理论月刊,2017,(12):143-145.

〔114〕仇雨临,黄国武. 从三个公平的视角认识医疗保险城乡统筹[J]. 中国卫生政策研究,2013,6(2):4-7.

〔115〕李庆梅,朱伟. 城乡统筹背景下农村公共服务设施建设[J]. 山西建筑,2015,41(01):235-237.

〔116〕陈锡文. 以新型城镇化与新农村建设双轮推进城乡一体化[J]. 求索,2017,(11):4-10.

〔117〕景普秋,张复明. 城乡一体化研究的进展与动态[J]. 城市规划,2003,(06):30-35.

〔118〕汪巽人. 论我国的非城市化道路[J]. 求索,1983,(05):18-21.

〔119〕杨爱琴. 加快推进城乡一体化进程的思考[J]. 山西农经,2004,(04):55-60.

〔120〕杨兵. 对中国城乡一体化问题的反思[J]. 经济纵横,2002,(06):8-10.

〔121〕十七大报告辅导读本[M]. 北京:人民出版社,2007.

〔122〕郑风田,吴磊. 我国城乡一体化建设的政策演进与措施匹配[J]. 重庆社会科学,2013,(01):5-11.

〔123〕龙文军. 城乡一体化的国内实践和经验[J]. 调研世界,2006,(10):46-48.

〔124〕尹焕三. "城乡一体化"发展的政策取向与路径选择[J]. 东方论坛,2010,(03):106-111.

〔125〕本书编写组.《中共中央关于推进农村改革发展若干重大问题的决定》辅导读本[M]. 北京:人民出版社,2008.

〔126〕胡锦涛. 高举中国特色社会主义伟大旗帜 为夺取全面建设小康社会新胜利而奋斗:在中国共产党第十七次全国代表大会上的讲话[M]. 北京:人民出版社,2007.

〔127〕中国共产党第十七届中央委员会第三次全体会议公报[N]. 人民日报,2008-10-12.

〔128〕本书编写组.《中共中央关于推进农村改革发展若干重大问题的决定》辅导读本[M]. 北京:人民出版社,2008.

〔129〕尹成杰. 加快推进中国特色城乡一体化发展[J]. 农业经济问题,2010,31(10):

4 -8.

〔130〕魏后凯. 新常态下中国城乡一体化格局及推进战略[J]. 中国农村经济,2016,(01):2 -16.

〔131〕罗来军,罗雨泽,罗涛. 中国双向城乡一体化验证性研究:基于北京市怀柔区的调查数据[J]. 管理世界,2014,(11):60 -69 +79.

〔132〕李明,邵挺,刘守英. 城乡一体化的国际经验及其对中国的启示[J]. 中国农村经济,2014,(06):83 -96.

〔133〕杨翠迎,庹国柱. 建立农民社会养老年金保险计划的经济社会条件的实证分析[J]. 中国农村观察,1997,(05):55 -59.

〔134〕魏后凯. 新常态下中国城乡一体化格局及推进战略[J]. 中国农村经济,2016,(01):2 -16.

〔135〕张海鹏,朱钢. 中国城乡发展一体化实现程度、存在问题及政策启示:以2020年全面建成小康社会为目标[J]. 开发研究,2017,(02):10 -16.

〔136〕郑丰田. 城乡融合与过去的城乡统筹和城乡一体化有质的区别:利用"城乡融合"新途径实现乡村振兴[N]. 北京日报,2017 -11 -20(14).

〔137〕许宝健. 改变中国面貌的重大社会变革[N]. 学习时报,2018 -3 -16(001).

〔138〕徐俊忠. 十九大提出"乡村振兴战略"的深远意义[J]. 经济导刊,2017,(12):10 -15.

〔139〕建设田园乡村. 总书记指示山东乡村振兴战略怎么做! 建设美丽田园乡村[EB/OL]. (2018 -03 -15). http://mp. weixin. qq. com/s/JOGyvg1SzA8wz6luiEzNxg.

〔140〕住房和城乡建设部,国家发展和改革委员会,财政部. 住房城乡建设部国家发展改革委财政部关于开展特色小镇培育工作的通知[EB/OL]. (2016 -7 -1). http://www. mohurd. gov. cn/wjfb/201607/t20160720_228237. html.

〔141〕宋为,陈安华. 浅析浙江省特色小镇支撑体系[J]. 小城镇建设,2016,(03):38 -41.

〔142〕李强. 特色小镇是浙江创新发展的战略选择[J]. 中国经贸导刊,2016,(04):10 -13.

〔143〕翁建荣. 下功夫推进特色小镇建设[J]. 中国经贸导刊,2016,(13),26 -27.

〔144〕浙江省首批37个特色小镇创建名单出炉[EB/OL]. (2016 -6 -5). http://zjds. zjol. com. cn/system/2015/06/05/020684534. shtml.

〔145〕浙江省人民政府．政策|关于公布省级特色小镇第二批创建名单和培育名单的通知[EB/OL]．(2016 - 10 - 10)．http://tsxz. zjol. com. cn/system/2016/10/10/021326098. shtml.

〔146〕刘乐平．10 个特色小镇当选省级“模范生”[N]．浙江日报,2016 - 5 - 29(2).

〔147〕浙江省体育局．浙江省各地积极布局体育特色小镇[EB/OL]．(2016 - 6 - 7)．http://zj. qq. com/a/20160607/013716. htm.

〔148〕浙江省体育局．浙江省体育局关于开展省级运动休闲小镇认定工作的通知[EB/OL]．(2017 - 8 - 18)．http://www. zjsports. gov. cn/art/2017/8/18/art_1347321_11137368. html.

〔149〕邱林飞．基于产业价值链视角的浙江体育产业发展研究[J]．广州体育学院学报,2016,36(03):54 - 59.

〔150〕杭育文．建成体育强省率先基本实现体育现代化努力推进浙江省体育改革攻坚转型发展[N]．中国体育报,2016 - 7 - 29(3).

〔151〕浙江省发展和改革委员会,浙江省体育局．浙江省发展和改革委员会浙江省体育局关于印发浙江省体育发展“十三五”规划的通知[EB/OL]．(2016 - 7 - 29)．http://www. zjdpc. gov. cn/art/2016/7/29/art_7_1713264. html.

〔152〕赵可金．赵可金:浙江:七山一水二分田挖掘浙江经济新动力[EB/OL]．(2016 - 3 - 14)．http://finance. huanqiu. com/br/column/bj/2016 - 03/8703891. html.

〔153〕施明达．泰顺县志[M]．杭州:浙江人民出版,1998.

〔154〕陈圣格．行走泰顺[M]．北京:中国戏剧出版社,2006.

〔155〕行政区划网．百丈镇[EB/OL]．[2011 - 5 - 3]．http://www. xzqh. org/html/show/zj/6758. html.

〔156〕浙江省住房和城乡建设厅．关于 2016 年浙江省园林镇拟批复名单的公示[EB/OL]．(2016 - 12 - 12)．http://www. zj. gov. cn/art/2016/12/12/art_5525_2203057. html.

〔157〕国务院．关于加快发展体育产业促进体育消费的若干意见[EB/OL]．(2014 - 10 - 20)．http://www. gov. cn/xinwen/2014 - 10/20/content_2767791. htm.

〔158〕新华社．2025 年我国健身休闲产业总规模计划达 3 万亿[EB/OL]．(2016 - 10 - 28)．http://www. gov. cn/xinwen/2016 - 10/28/content_5125667. htm.

〔159〕新华社．2016 年国内旅游总收入 3. 9 万亿元[EB/OL]．(2017 - 1 - 9)．http://www. gov. cn/shuju/2017 - 01/09/content_5158138. htm.

〔160〕3 年打造 1000 个特色小镇,信息都在这里了[EB/OL].(2017 - 2 - 28). http://mp.weixin.qq.com/s? __biz = MzI4NzU0NjE4Ng = = &mid = 2247483788&idx = 5&sn = 23dda641693a99 d86a5e8fb1e5dcbada&chksm = ebcd4fa9dcbac6bfa3c377242daa9ccb510d0523f80130bf374e426065b0a260 d358568e9e8b&mpshare = 1&scene = 23&srcid = 0302OJj1fpT3JlNexhSdLztn#rd.

〔161〕百丈镇人民政府,泛华建设集团有限公司:泰顺县百丈镇体育产业专项规划设计项目[Z].2016 - 4.

〔162〕李强. 特色小镇是浙江创新发展的战略选择[J]. 中国经贸导刊,2016,(04):10 - 13.

〔163〕陈立旭. 论特色小镇建设的文化支撑[J]. 中共浙江省委党校学报,2016,32(05):14 - 20.

〔164〕吴琪琳. 旅游区域联合作用探讨[J]. 池州师专学报,2005,(03):61 - 63.

〔165〕奚凤兰,高中玲,杜志娟. 生态文明背景下我国农村体育文化建设研究[M]. 西安:西安交通大学出版社,2017

〔166〕王景新,支晓娟. 中国乡村振兴及其地域空间重构:特色小镇与美丽乡村同建振兴乡村的案例、经验及未来[J]. 南京农业大学学报(社会科学版),2018,18(02):17 - 26 + 157 - 158.

〔167〕杨伟青,高宇飞. 全民健身供给短板及供给侧改革研究[J]. 吉林体育学院学报,2017,33(01):17 - 22.

〔168〕杨芳,马葳. 习近平为何九天两提"供给侧结构性改革"[EB/OL].(2015 - 11 - 19). http://politics.people.com.cn/n/2015/1119/c1001 - 27834311.html.

〔169〕刘亮,王惠. 供给侧改革视角下我国公共体育资源供需矛盾的消解与改革路径[J]. 武汉体育学院学报,2016,50(04):51 - 55.

〔170〕张康平. 全民健身公共服务供给侧结构性改革研究[J]. 体育文化导刊,2016,(11):11 - 14 + 55.

〔171〕曹彧,李雪颖."十二五" 时期是新中国体育发展史上重要且不平凡的五年[N]. 中国体育报,2015 - 12 - 29.

〔172〕郑丽,张勇. 农村公共体育服务供给侧改革协同治理路径研究[J]. 沈阳体育学院学报,2016,35(03):19 - 23.

〔173〕网易. 中国人均体育场地远低日美 全民健身任重道远[EB/OL].(2013 - 10 - 15). http://data. 163. com/13/1015/23/9B8VSh9C00014MTN. html.

〔174〕冯红新．我国体育产业的发展策略[J]．体育文化导刊,2015,(03):112－115.

〔175〕马拉松跑步．2013 中国马拉松年会举行:共办赛 39 场人次超 75 万[EB/OL].(2014－11－1). http://www. cgxm. net/qita/201411/384. html.

〔176〕中国路跑有待长远发展[EB/OL].(2014－12－08). http://edu. gmw. cn/newspaper/2014－12/08/content_102598790. htm.

〔177〕凤凰网．北京马拉松报名人数超 6 万[EB/OL].(2015－07－25). http://news. if－eng. com/a/20150725/44245624_0. shtml.

〔178〕中国新闻网．12. 6 万人报名上海国际马拉松[EB/OL].(2015－10－10). http://www. sh. chinanews. com/news/20151010/1903035. html.

〔179〕中国人均体育场地远低日美 全民健身任重道远[EB/OL].(2013－10－15). http://data. 163. com/13/1015/23/9B8VSh9C00014MTN. html.

〔180〕李兵．基于善治理论的体育公共服务供给侧改革研究[J]．南京体育学院学报(社会科学版),2016,30(04):54－60.

〔181〕财政部,国家税务总局．财政部国家税务总局关于体育场馆房产税和城镇土地使用税政策的通知[EB/OL].(2015－12－17). http://szs. mof. gov. cn/zhengwuxinxi/zhengcefabu/201512/t20151231_1640427. html.

〔182〕赵文斌．供给侧改革的关键在于良性的质量发展[EB/OL].(2015－12－07). http://www. cqn. com. cn/news/zggmsb/diyi/1100006. html.

〔183〕赵博．中央经济工作会议在北京举行[N]．新华网,2015－12－22.

〔184〕殷俊海．体育产业供给侧改革的方向[EB/OL].(2016－04－22). http://industry. sports. cn/news/others/2016/0422/165257. html.

〔185〕杨伟青．新农村体育文化多元结构与协同发展路径研究[J]．北京体育大学学报,2017,40(11):10－15.

〔186〕人民网－人民日报海外版．习近平谈生态文明 10 大金句[EB/OL].(2018－05－23). http://politics. people. com. cn/n1/2018/0523/c1001－30006614. html.

〔187〕360 百科．五水共治[EB/OL].[2015－07－22]. https://baike. so. com/doc/7357941－7624479. html.

〔188〕温州网．温州市建立健全“五水共治”体制机制,实行“河长制”全覆盖工作成绩单[EB/OL].(2017－9－19). http://news. 66wz. com/system/2017/09/19/105028158.

shtml.
〔189〕王立彬．加快生态文明建设、大力恢复绿水青山：推动中国经济高质量发展述评之八[EB/OL]．(2018－1－2)．http://www.gov.cn/xinwen/2018－01/02/content_5252673.htm.
〔190〕国际在线．[学思践悟|十九大]保护好生态让人民群众生活更加美好[EB/OL]．(2017－11－17)．http://news.youth.cn/sz/201711/t20171117_11026918.htm.
〔191〕百度百科．百丈镇[EB/OL]．[2015－12－07]．https://baike.baidu.com/item/%E7%99%BE%E4%B8%88%E9%95%87/14116?fr=aladdin.
〔192〕程晖．温州市百丈镇："无中生有"建成时尚体育小镇[EB/OL]．(2018－03－29)．http://www.ceh.com.cn/xwpd/2018/03/1055166.shtml.
〔193〕周波，周超．美国体育产业核心竞争力的生长机制及其启示[J]．沈阳体育学院学报，2015，34(03)：1－6.
〔194〕为兵．"46号文"发布三周年，中国体育产业真的只是做了一场"黄粱梦"？[EB/OL]．(2017－11－15)．https://www.jfdaily.com/news/detail?id=71081.
〔195〕泰顺县人民政府．泰顺[EB/OL]．[2015－12－07]．http://www.ts.gov.cn/col/col1376200/index.html
〔196〕掌上泰顺．泰顺这地方被称为"小上海"，如今成了这样！[EB/OL]．(2017－08－07)．http://www.sohu.com/a/162886482_406471.
〔197〕泰顺县百丈镇巧打"文化牌"探索产业融合发展新路子[EB/OL]．(2017－05－15)．http://www.zjwh.gov.cn/dtxx/zjwh/2017－05－15/211314.htm.
〔198〕互联网＋体育．国外体育产业融合发展分析及启示(上)[EB/OL]．(2017－05－28)．https://www.sohu.com/a/144310088_482792.
〔199〕百丈镇人民政府．2018年百丈镇人民政府工作报告[EB/OL]．(2018－03－26)．http://xxgk.ts.gov.cn/art/2018/3/26/art_1336520_16609346.html.
〔200〕谢文武，朱志刚．特色小镇创建的制度与政策创新：以玉皇山南基金小镇为例[J]．浙江金融，2016，(09)：69－74.
〔201〕顾益康，潘伟光．新常态新农业：以农业供给侧改革为主线推动新农业发展[J]．浙江经济，2017，(09)：17－20.
〔202〕吴玮，潘伟梁，诸葛晓荣，等．促进特色小镇人才跨越式发展[J]．决策咨询，2016，(5)：80－85.

〔203〕MORGAN, KEVIN, ARMSTRONG, et al. Healthy Ageing in Urban and Rural Britain: a Comparison of Exercise and Diet[J]. Age and Ageing, 2000(4): 8 – 341.

〔204〕FINCH C, MAHONEY M, TOWNSEND M, et al. Rural Sports and Recreational Injuries in Austialia: What Do We Know? [J]. Australian Journal of Rural Health, 2003(3): 151 – 158.

〔205〕PATTERSON P D, MOORE C G, PROBST J C, et al. Obesity and Physical Inactivity in Rusal and Urban Americal[J]. The Journal of Rural Health, 2004(2): 151 – 159.

〔206〕BEFORT C A, NAZIR N, PERRI M G. Prevalence of Obesity Among Adults From Rural and Urban Areas of the United States: Findings From Nhanes(2005 – 2008)[J]. The Journal of Rural Health, 2012(4): 392 – 397.

〔207〕ATHERLEY K M. Sport, Localism and Socia Capital in Rural Western Australia [J]. Geographical Research, 2006(4): 348 – 360.

〔208〕CREBER RMM, SMEETH L, GILMAN R H, et al. Physical Activity and Cardiovascular Risk Factors Among Rural and Urban Groups and Rural – to – urban Migrants in Peru: a Cross – sectional Study [J]. Revista Panamericana De Salud Publica(online), l Health, 2010(1): 1 – 8.

〔209〕EIME R M, PAYNE W R, CASEY M M, et al. Transition in Participation in Sport and Physical Activity for Rural Adolescent Girls [J]. Journal of Science and Medicine in Sport, 2010(2): 282 – 293.